真宗文庫

釈尊から親鸞へ

—七祖の伝統—

狐野秀存

東本願寺出版

もくじ

本書は、二〇一一年に真宗大谷派（東本願寺）の「宗祖親鸞聖人七百五十回御遠忌」を記念して出版された『シリーズ親鸞』全十巻（筑摩書房刊）より、第三巻『釈尊から親鸞へ――七祖の伝統』を文庫化したものです。

凡例

＊本文中、史資料の引用については、基本的に東本願寺出版（真宗大谷派宗務所出版部）発行『真宗聖典』を使用した。

＊『真宗聖典』収録以外の引用については、『真宗聖教全書』（大八木興文堂）、『定本親鸞聖人全集』（法藏館）、『浄土宗全書』（山喜房佛書林）などに依拠した。

＊本書の引用文については、読みやすさを考慮して、漢文を書き下し文に、文字の一部をかなに改め、新字新かなを用いた。また、適宜ルビを施した。

はじめに

比叡山との訣別

若き日の親鸞のすがたを証言する貴重な文がある。親鸞の妻、恵信尼《えしんに》の手紙である。親鸞が意を決して比叡山をおりた時のことを描写している。

約二十年にわたる比叡山での修行を打ち切り、親鸞は山をおりた。京都の町角におりたった親鸞は六角堂に参籠し、ついで東山のふもと、吉水《よしみず》に草庵をかまえていた法然のもとをたずねた。時に親鸞、二十九歳であった。

親鸞は法然を中心とした吉水の教団に仏教の原点を見いだしたのである。

恵信尼は手紙の中で、その時の親鸞のようすを次のように記している。

山（比叡山）を出でて、六角堂に百日こもらせ給いて、後世《ごせ》を祈らせ給いけるに、九十五日のあか月、聖徳太子の文《もん》をむすびて、示現《じげん》にあずからせ給いて候いければ、やがてそのあか月、出でさせ給いて、後世の助からんずる縁にあいまいらせんと、たずねまいらせて、法然上人にあいまいらせて、又、六角堂に百日こもらせ給いて候いけるように、又、百か日、降るにも照るにも、いかなる大事にも、参りてありしに、ただ、後世の事は、善き人にも悪しきにも、同じように、生死《しょうじ》出ずべきみちをば、ただ一筋に仰せられ候いしをうけ給わりさだめて候いしかば、上人のわたらせ給わんところには、人はいかにも申せ、たとい悪道にわたらせ給うべしと申すとも、世々生々《せせしょうじょう》にも迷いければこそありけめ、とまで思いまいらする身なればと、ようように人の申し候いし時も仰せ候いしなり。（『恵信尼消息』）

比叡山は日本の仏教の中心地である。その比叡山と訣別《けつべつ》する決意をかためた親鸞のこころのうちは推測するしかないが、親鸞のこころの叫びとおもわれる二つの証言がある。

「雑行を棄てて本願に帰す」

一つは、親鸞自身の証言である。

親鸞は主著の『教行信証』の末尾に、次のように記している。

しかるに愚禿釈《ぐとくしやく》の鸞《らん》、建仁辛《かのと》の酉《とり》の暦《れき》、雑行《ぞうぎよう》を棄てて本願に帰《す》す。

親鸞はみずからの人生の決定的瞬間を「雑行を棄てて本願に帰す」と表現した。二十年におよぶ比叡山での修行を「雑行」ということばで総括している。驚くほどの思想の単純化である。そしてまた、いつの時代にあっても、偉大な思想はこの単純化から始まるといえよう。「雑行を棄てて本願に帰す」とは生き方の決意を示すことばである。

「雑行」は後にあげる中国の善導《ぜんどう》大師（六一三〜六八一）がもちいた用語で、阿弥陀仏以外のものにこころをふり向けるすべての行をいう。あれもこれもと、いろいろなものが入りまじる行である。仏道修行のために、あらゆる行を修し、さまざまな善根《ぜんごん》を積むので、「万行・諸善」ともいう。日本の仏教の主流は、どれだけ多くの行を修し、善根を積んだかに重点がおかれていた。

親鸞は法然との出会いを通して、そうした旧来の仏教理解を「雑行」と名づけ、たもとを分かつ決断をしたのである。あれもこれもではない。「ただこのこと一つ」という道へと一歩踏み出したのである。法然との出会いによって、新しい仏教の理解の眼が開かれた。そのよろこびと感動を「しかるに愚禿釈の鸞、建仁辛の酉の暦、雑行を棄てて本願に帰す」と記したといえる。

親鸞は一一八一（養和元）年、九歳で出家得度したと伝えられている。「建仁辛の酉の暦」の一二〇一（建仁元）年は二十九歳にあたる。親鸞は少年期から青年期にかけての二十年を比叡山で修行生活をした。人生のいちばん多感な時期を比叡山での仏道修行に明け暮れたのである。

人生の宝ともいうべき思春期から青年期のすべてを捧げた比叡山での日々を「雑行」といいきってしまうには、あまりにも貴重な年月ではないだろうか。

よろこび、哀しみ、はじけるような笑い、やり場のない怒りといった、人生の種がつまった歳月に「棄てる」というかたちで別れを告げなければならなかった。いったい親鸞のこころのうちに何がわきおこったのか。親鸞に興味をもつ者の共通の関心事といえよう。

親鸞自身はみずからの人生の転換点を「本願に帰す」と簡潔に記すのみである。

『恵信尼消息』に描かれた親鸞

親鸞の若き日のすがたを明らかにするもう一つの証言がある。それが冒頭にかかげた妻の恵信尼の手紙である。

『恵信尼消息』は一九二一（大正十）年の初冬、鷲尾《わしお》教導《きょうどう》師（一八七五〜一九二八）によって西本願寺の宝庫から発見された。親鸞の晩年から亡くなった後にかけての十数年にわたる恵信尼の手紙である。越後（新潟県）にいた恵信尼が娘の覚信尼《かくしんに》にあてて送った手紙十通が、『大無量寿経』を写経した断簡とともに、数百年ぶりに日の目を見たのである。

明治以降、西洋から実証主義の考え方が日本に入ってきた。歴史上のことも、確かな証拠がなければ認められないことになった。そうした学問方法の中で、自己の身辺について語ることの極度に少なかった親鸞に対して、一部の人たちからその実在さえ疑われる時期があった。

『恵信尼消息』の発見は、そうした疑いを一挙にはらすものだった。「史上の親鸞」がそのすがたを現したのである。それまで真宗門徒（信者）の間で「御《ご》開山《かいさん》の御苦労」という物語として伝えられていた親鸞の青年期、壮年期のすがたが、妻の恵信尼の手紙の中に生き生きとしたためられていたのである。

法然との出会い

その中でも重要なのは、親鸞が法然に出会った時の描写であろう。親鸞自身が「雑行を棄てて本願に帰す」と簡潔に記した、その具体的な内容を恵信尼は臨場感あふれる筆致でえがいている。

『恵信尼消息』によれば、親鸞は比叡山を出て、六角堂に百日参籠《さんろう》の起請《きしょう》をたてたという。九十五日目に、聖徳太子に関わる示現にあずかり、ただちに法然をたずねたが、それからさらに百日の間、法然のもとにかよっている。百日参籠の起請と同じ期間を法然のいる吉水に通うことにあてている。親鸞にとっての百日の吉水参勤は第二の参籠であったといえよう。あるいは、はじめの六角堂の百日参籠が九十五日で中断したことを思えば、本当の意味での百日参籠が吉水参勤であったともいえよう。

親鸞がそうして百日の間、一日も欠かさず法然のもとに通って自分の眼で確かめたかったのは、「ただ、後世の事は、善き人にも悪しきにも、同じように、生死出ずべきみちをば、ただ一筋に仰せられ候いし」という、法然のすがたであったと思われる。親鸞が眼前の事実として「うけ給わりさだめ」たかったのは何か。それは法然が、その語ることばの通りに、善人であろうと悪人であろうと、「ひとをえらばない」念仏の人であるという単純な事実であったと思う。

「まちの念仏」

親鸞がおりにふれて語ったことばが『歎異抄《たんにしょう》』にのこされている。

弥陀の誓願不思議にたすけられまいらせて、往生をばとぐるなりと信じて念仏もうさんとおもいたつこころのおこるとき、すなわち摂取不捨《せっしゅふしゃ》の利益《りやく》にあずけしめたまうなり。弥陀の本願には老少善悪のひとをえらばれず。ただ信心を要とするとしるべし。そのゆえは、罪悪深重《じんじゅう》煩悩熾盛《しじょう》の衆生をたすけんがための願にてまします。しかれば本願を信ぜんには、他の善も要にあらず、念仏にまさるべき善なきゆえに。悪をもおそるべからず、弥陀の本願をさまたぐるほどの悪なきがゆえにと云々。

『歎異抄』の本文のはじめにかかげられているこのことばは、親鸞の信仰を凝縮しているものと受けとってよいだろう。弥陀の本願の本質を「老少善悪のひとをえらばれず」と単純明瞭にいいあてている。光がどのようなものをも平等に照らすように、無量の光明である阿弥陀仏は一切のものを平等に照らしだす。「老少・善悪」という人間の相対的なすがたをえらばない。ただその光に向かってまっすぐに向き合う「信心」のみを必要とする。「南無阿弥陀仏」と如来の本願を信じる信心のみが、阿弥陀如来と人とをつなぐ唯一の架け橋である。

その如来の本願を説く法然も「ひとをえらばない」光の人であった。後年、七十六歳になった親鸞は、かつて若き日に出会った法然を憶い起こして、

源空（法然）光明はなたしめ
門徒につねにみせしめき
賢哲愚夫《ぐぶ》もえらばれず

豪貴鄙賤《ひせん》もへだてなし

（『高僧和讃』源空讃）

と讃嘆している。

事実、法然の吉水の草庵にはさまざまな人々が集まっていた。前《さき》の関白太政大臣の九条兼実《かねざね》をはじめとする公卿もいる。『平家物語』の一の谷の合戦で有名な熊谷直実《なおざね》などの武家もいる。当時の唱導（説教）の大家だった聖覚《せいかく》法印などの僧侶もいる。その他、多くの庶民や耳四郎という盗賊もいたという。社会の坩堝《るつぼ》の観を呈していた。吉水の教団は念仏の教団だったが、その念仏は、比叡山に伝統されてきた「やまの念仏」に対して、「まちの念仏」だったといえよう。

万人に開かれた仏教

「やま」は日本仏教の伝統的な権威を象徴している。古来、「八宗（倶舎《くしゃ》・成《じょう》実《じつ》・律《りつ》・法相《ほっそう》・三論《さんろん》・天台《てんだい》・華厳《けごん》・真言《しんごん》）」といわれた旧来の仏教教団では、それぞれの宗にしたがった精緻な学問と修行の方法が伝統されてきた。その伝統的な教団の枠組みの中にいるかぎり、幾重にも階層的に細分化された行法に邁進することは、有効な修行方法であった。

しかしその仏道修行の成果は、万人に広開されたものではなかった。八宗という伝統社会の中での有効性であり、専門性であった。一般の人々との接点は、その高度の専門性への畏敬から派生する呪術的側面にあった。

法然にしろ、親鸞にしろ、そうした「やま」の伝統的権威と訣別して、「まち」の中に身を置いたのである。「まち」は種々雑多な思考や行動様式が交差する世俗空間である。特定の構成員だけに通用する慣行や規範から逸脱する人々が多数いる。それが現実の社会のすがたである。旧来の伝統的な仏教教団の教義が、どれほど精緻で壮麗をきわめていようと、現実の前では間に合わないのである。

法然のもとに集まった人々は、「賢哲・愚夫、豪貴・鄙賤」といわれるように、実にさまざまな社会階層に属する人々だった。その社会的身分や門地、知識や能力、性別のちがいを突きぬけて、「ただ念仏して」の一点で、みな、おなじく、ひとしく、一つに出会うことのできる場所だった。そのような「念仏の僧伽《さんが》」が法然の吉水教団だったといえる。

親鸞は、「善き人にも悪しきにも、同じように、生死《しょうじ》出ずべきみちをば、ただ一筋に仰せられ候いし」と、その法然のすがたに真正の仏教を見いだした。それは遠く仏陀釈尊が、

かれら〔耳ある人びと〕に甘露の法門が開かれたのだ。
耳ある人びとは〔聴け〕己れの信を離れよ。
（山口 益《すすむ》編『仏教聖典』）

と、高らかに宣言した万人に開かれた仏教が現前していたのである。

序章　仏教の核心

普遍宗教として

仏陀釈尊の教えとして、原始経典に定型句のように説かれることばがある。

生まれによって賤しい人となるのではない。
生まれによってバラモンとなるのではない。
行為によって賤しい人ともなり、行為によってバラモンともなる。
(中村元《はじめ》訳『ブッダのことば――スッタニパータ』)

釈尊は人間を苦悩から解放する法を説いたが、ここに具体的な解決の道が示されている。

もとより人間の苦悩のもとは、善し悪しの思いにかたくなに固執している自我意識にある。しかし問題は、その善し悪しに固着する自我意識がただ個人の意識にとどまることなく、それが社会意識として実体化していることにある。

個人はさまざまな社会関係の中にいる。個人がどのような社会関係に位置しているかによって、その個人の意識形成は大きく左右される。宗教は日常意識からの離脱、または変革をうながすものである。しかし、その日常意識を個人のこころの中でのできごととみなすか、社会関係の反映としてとらえるかによって、同じ宗教現象といっても、その作用面は大きく異なってくる。

既存の社会関係を不動のものとして、その中で個人の意識を純化していく宗教は、結果的にその社会関係をより強化し、補完するものとなる。いわゆる民族宗教の構造的閉鎖性がそこにある。

一方、同じ宗教でも、個人の日常意識を問題とし、その日常意識から超え出ることを目的とするが、その個人の意識を変革する起点に社会関係への視座をもつ宗教は、民族をこえたひろがりをもつ。他の異なる文化や歴史をもつ社会に浸透していく。いわゆる普遍宗教の構造的能動性である。そして仏教はまちがいなく、後者の普遍宗教の特質を備えていた。そのことをもっとも端的に示しているのが、先にかかげた釈尊のことばである。

古代インドの社会背景

古代インドでは、バラモンとよばれる祭祀《さいし》階級を最上級とする社会意識が厳然と人々のこころを占めていた。そうした固定的な社会構造の中にあって、釈尊は敢然と法（真理）のもとでの人間の平等性を主張した。

釈尊は人々が万古不易《ばんこふえき》の法則のように思っている社会意識を変革するために、バラモン（尊い人）の特質を積極的にとらえた。正しい生活と明知によって徳行を身にそなえている者こそ、真のバラモンであるという。それは家柄や身分といった生まれによるものではない。人の生きる姿勢に関わることである。人としてまっとうに生きていく努力によって、バラモンであるか賤しい者であるかが決まってくる。

たとえバラモンといわれる家系の者であろうとも、そのこころ根が人の品性を欠くならば、賤しい者である。たとえ「チャンダーラ」と呼ばれ、人々から不当に賤しめられ差別される者であろうとも、行いを正しくし、智慧を求めて努力する徳のある人はバラモンである。

そのように釈尊は、インド社会において数百年にわたって人々のこころを縛りつけていた強固な社会観念の虚構性をあばいてみせたのである。仏教が普遍宗教の質をもっていたのは、最初期の釈尊の教えそのものに社会を視《み》る眼があったからにほかならない。

仏教はインドで生まれたが、やがて周辺の国々に伝播《でんぱ》していった。そして今日も、東南アジアや東アジアの少なくない地域に伝統されている要因に、その社会性をあげることができるだろう。仏教が時代をこえ、国をこえ、文化をこえて、多くの人々に受け容れられてきたのは、そこに人間の根源的平等性にもとづく社会観を有していたからである。

いつの時代にあっても、どこの国や地域にあっても、仏教が仏教として機能してきた根底には社会を視る眼があったといえる。そしてそのことをもっとも簡潔に表現しているのが、生まれによって賤しい人となるのではない。
生まれによってバラモンとなるのではない。
行為によって賤しい人ともなり、行為によってバラモンともなる。

という、遠く仏陀釈尊から伝統されているこの原始経典のことばであり、ここに仏教の核心があるといえるだろう。

法（真理）のみが基準の僧伽

釈尊の教団では、ひとたび出家すれば、その人の出身階層が何であれ、生まれを問うことなく、みな一味平等であった。ただ出家してからの法臘《ほうろう》数（年数）によって、おのずから長上《ちょうじょう》をうやまう席次が定まっていただけである。

比丘たちよ、あたかも、それが如何《いか》なる河であるとしても、たとえば、それがガンジス河、ヤムナー河、アチラヴァティー河、サラブフー河、マヒー河であっても、それらが大海に達したならば、原《もと》の名と姓とを捨ててただ大海とのみ称せられるように、そのように、比丘たちよ、王族・婆羅門・農、工、商の庶民・奴隷という四姓のかれらは、如来の教えられた法と律とにおいて家より家なき出家の生活に入ったならば、原《もと》の名と姓とを捨ててただ沙門釈子に所属するものとのみ称せられる。（山口益編『仏教聖典』）

仏教は法（真理）を唯一の基準として「僧伽」を形成していった。僧伽は人々の集まりである。仏教の僧伽は世間の中にあって、しかも世間を超え出ていくものであった。世間は好むと好まざるとにかかわらず、人種、性別、社会的身分、門地によって秩序化される。仏教はそれらの社会的秩序と敵対的に関わるのでなく、しかも自由で平等の領域を保持してきた。それが仏教の僧伽である。

親鸞が法然の吉水の教団で見たのは、そのような仏教の僧伽が現前している事実であった。吉水教団ではどのような人であろうとも、わけへだてることのない平等のまじわりが実現していた。貴顕搢紳《しんしん》も田夫野叟《やそう》も、ひとたび法然の「ただ念仏して」の呼びかけのもとでは、一味平等の「とも、同行《どうぎょう》」であった。吉水教団は仏陀釈尊の教えを正統に相続する「念仏の僧伽」であったのである。

承元の法難と吉水教団

承元《じょうげん》の法難（一二〇七年）は、日本における未曾有の思想弾圧事件だった。吉水教団に所属していた四名の念仏者が死罪、法然をはじめとして八名の者が流罪《るざい》になった。親鸞も事件に連坐している。この事件が親鸞の思想形成にあたえた意味の重大さははかりしれない。

親鸞が『教行信証』の後序に、吉水入室のことを、

　しかるに愚禿釈の鸞、建仁辛の酉の暦、雑行を棄てて本願に帰す。

と記していることはすでに述べたが、なぜ雑行を棄てて「正行《しょうぎょう》に帰す」ではなく、「本願に帰す」なのか。師の法然の『選択集《せんじやく》』では、その二行章において明確に「雑行を捨てて正行に帰す」と述べられている。その法然の命題ともいえることばを祖述せずに、親鸞があえて「雑行を棄てて本願に帰す」と記した背景に承元の法難のことがあったと思われる。

　親鸞個人の問題とすれば、建仁元（一二〇一）年の吉水入室によって、「雑行を捨てて正行に帰す」と決着がついたはずである。しかしながら後年、『教行信証』をまとめるに際して、あらためて承元の法難を通して吉水入室のことを見つめ直したとき、それは「本願に帰す」べきできごとであったと確信したのであろう。親鸞は承元の法難の「事件の事件性」を阿弥陀仏の本願の中に見いだしたといえる。

　その傍証として、親鸞の和讃をあげることができる。親鸞は晩年にいたるまで旺盛な執筆活動をつづけた。その中でも後期に属する著書に『正像末法和讃』がある。一二五七（康元二）年、親鸞八十五歳の著書である。現在、真宗高田派本山の専修寺《せんじゆじ》に蔵する国宝本の『正像末法和讃』の末尾に、親鸞の書きつけが記されている。

康元二歳丁巳《ひのとのみ》二月九日の夜《よ》
寅時夢告《とらのときにゆめのつげ》にいわく
弥陀の本願信ずべし
本願信ずるひとはみな
摂取不捨の利益《りやく》にて
無上覚《むじょうかく》をばさとるなり

この和讃を、ゆめにおおせをかぶりて、うれしさにかきつけまいらせたるなり。

二月九日は、ちょうど五十年前の承元元年に、法然のもとで同門だった安楽房遵西《じゅんさい》がすさまじい拷問の末、京都の六条河原で斬首されたと伝えられる日である。親鸞は生涯を通してこの日をこころに刻んでいたと思う。

八十五歳になった親鸞は、半世紀の時を経て、承元の法難の意味を夢告として受けとったのではないか。おそらくその時点では、師の法然はむろんのこと、罪科に処せられた人々も、不当な仕打ちをした人々もみな故人となっていたろう。この世の人間のさまざまな思いや利害が複雑にからまりあって、死罪、流罪という苛酷な事件がおきたが、当事者たちがほとんど死にたえて、老親鸞がひとり「事実の証人」として生き残っている。

親鸞の思いは五十年前の承元の法難に回帰していったと思う。事件は痛憤のできごとである。しかしそのことに関わった人々がみな歴史の舞台から去っていった今、親鸞のこころの中に静かな結晶作用がおこったのであろう。単純素朴な人生の真実が夢告の和讃としてたちあらわれた、と理解できるのではないか。

「弥陀の本願信ずべし」。親鸞の絶唱ともいうべきこの夢告和讃が親鸞自身の人生の総括である。すべては、「ただ念仏して、弥陀にたすけられまいらすべし」と呼びかける法然との出会いからはじまった。『教行信証』に「雑行を棄てて本願に帰す」と記してから最晩年にいたるまで、親鸞の思想は一貫している。この世界は阿弥陀仏の本願に住持《じゅうじ》されている念仏の世界である。

吉水の教団はその阿弥陀仏の本願のまことを証《あかし》する念仏の僧伽であった。親鸞はその吉水教団の一員として、阿弥陀仏の本願が歴史の上に足跡を印《しる》した事実の証人となる道を選んだのだと思う。

念仏の僧伽復興の悲願——浄土真宗

承元の法難によって親鸞は流罪になった。五年におよぶ越後の配所で、またその後の約二十年におよぶ北関東の地で、親鸞の思念を貫いていたのは法然との出会いの恩徳であったと思う。それは親鸞の晩年の手紙に、「(法然)聖人の廿五日《にじゆうご》の御念仏」と記されていることから知られる。親鸞は、一二一二（建暦二）年一月二十五日に亡くなった法然を生涯憶いつづけていた。

それはたんに思い出として故人をしのぶということではなかろう。吉水の念仏の僧伽の中心にあって、人を出身や社会的地位、能力の有無といった「着ている物」で見るのではなく、どのような人をも「その人自身」として、まっすぐに見つめる「光の人」としての法然であった。

法然の吉水教団に、生きた仏教の証《あかし》を見た親鸞は、『教行信証』の後序において承元の法難のできごとを記したあと、満腔《まんこう》の謝念をもって、

真宗興隆《こうりゅう》の大祖《たいそ》源空法師《げんくうほっし》

と称《たた》えている。ここに仏教が、真実の仏教がおこったのである、と天下に宣言している。

だからこそ、親鸞も承元の法難によって流刑《るけい》に処せられたが、吉水教団の一

員であったことの誇りとよろこびを、

予はその一なり。

と記している。よみがえった仏教の僧伽の一員であったことの感動のことばである。親鸞の仏教徒宣言といえるだろう。

配所で送る五年の歳月の中で徐々に形成されてきた親鸞の思念がはっきりした輪郭をもってあらわれてきたのは、法然の死去の知らせであったろう。親鸞の後半生の仕事は吉水教団の復興である。法然と死別したあと、親鸞は胸中に、師の法然の衣鉢《いはつ》を受けつぐという明確な意志をいだいて、越後から北関東の地へと旅立っていったと思う。

九十歳を一期《いちご》とする親鸞の一生は、念仏の僧伽復興の悲願にささげられた生涯であったといえる。

大聖《だいしよう》釈尊より法然にいたるまで脈々と受けつがれてきた念仏の僧伽建立《こんりゆう》の

歴史を浄土真宗という。親鸞はその真実の仏教の伝承をインド、中国、日本の三国にわたる七高僧《しちこうそう》の教えに読みとった。すなわち龍樹《りゅうじゅ》、天親《てんじん》、曇鸞《どんらん》、道綽《どうしゃく》、善導《ぜんどう》、源信《げんしん》、源空《げんくう》の真宗七祖である。

第一章　真宗七祖

真宗七祖とは

二千年におよぶ仏教の歴史の中から親鸞が、インドの龍樹菩薩・天親菩薩、中国の曇鸞大師《だいし》・道綽禅師《ぜんじ》・善導大師、日本の源信僧都《そうず》・源空（法然）上人の真宗七祖を選んだ理由について、先学によって三つのことがあげられている。

一つは「著書弘伝《ちょしょぐでん》」である。

仏教の歴史は汗牛充棟《かんぎゅうじゅうとう》と形容されるにふさわしい、厖大《ぼうだい》な量の書物を生みだした。どうにかして仏陀釈尊のこころに近づきたいと、道を求める人たちがその真摯《しんし》な思索のあとを無数の書物としてのこしたのである。

しかしインド以来の仏教の歴史は、その長大な時間と広大な空間の中で、幾多の書物が失われてきた歴史でもある。先人の求道の足跡である貴重な書物の数々が、時の堆積の中で埋もれ、陸路の熱砂の中で風化し、海路の難破によって海の底深くに沈んでいった。そういう意味で、現存する経典をはじめとする仏教の書物は、それだけで尊い「聖教《しょうぎょう》」といわなければならない。

そうした歴史の荒波をかいくぐってきた書物の中で、今もなお人々のこころをうるおし、広く読まれている書物となると、実に希有な書物である。真宗七祖の著書は、そのような今日に生きてはたらいている書物なので「著書弘伝」という。

二つは「発揮各設《はっきかくせつ》」である。

七祖にはそれぞれ果たした仕事がある。人は時代の子である。思想は個人に属するが、その個人は時代や社会、風土、文化などの影響を受けている。歴史に耐えうる思想は、その時代、社会の根底にある問題を洞察し、それを普遍的な人間の課題へとつなぐものである。真宗七祖はそれぞれの生きた時代の問題を読みとり、それを仏道の課題として提起した。

龍樹の難易二行、天親の一心帰命、曇鸞の自力他力、道綽の聖浄二門、善導の正雑二行、源信の報化二土、法然の選択立宗と、七祖それぞれが、いわば時代から託された課題にこたえて独自の思想を展開していった。そのような時代と共にあゆむ真実の仏教を明らかにする視座を「発揮各設」という。

三つは「解行双全《げぎょうそうぜん》」である。

仏教は人類の偉大な思想の一つであるが、たんなる知識の集積ではない。仏教は仏《ぶつ》に成る教えである。仏のさとりを得ることを目的とする。それゆえに行が重視される。実践をともなう学びが必要とされる。

知識的に仏の教えを正しく理解することを解学《げがく》という。実践を通して仏の教えを理解することを行学《ぎょうがく》という。仏教の修行方法は、この解学と行学が一つに相応することが求められる。口先だけではない。生活をあげての学びである。見せかけのポーズではない。道理にしたがった深い思索がある。そのような仏の教えを学ぶ者の基本姿勢を「解行双全」という。

ただし真宗七祖の解行双全は、仏教徒の一般的な姿勢をいうのではない。往生浄土という明確な目的を指し示している。「解」は真実信心の安心《あんじん》であり、「行」は専修念仏《せんじゅ》の一行である。「本願を信じ、念仏をもうす」という仏道の基本を明らかにするのが真宗の解行双全になる。

以上の「著書弘伝」「発揮各設」「解行双全」の三つをあげて、親鸞が七祖を選んだ理由とされている。そのほかにも、七祖はおのおのが、みずからの願《がん》生《しょう》のこころを述べており、書物をあらわして垂範を示し、如来の本願力《りき》を讃嘆している、という法に即した観点からの共通項をあげて、七祖選定《せんじょう》の理由とする説などもある。

「正信偈」の真宗七祖

以上の江戸期以来の説は、七祖の外形的な一致点をあげて、その伝統を示したものといえる。一方、親鸞自身が七祖の内面的な一致点をあげて、その選定の理由を簡潔に述べている。「正信偈《しょうしんげ》」の後半、依釈分《えしゃくぶん》といわれている部分の冒頭のことばである。

印度西天之論家　　印度・西天の論家《ろんげ》、
中夏日域之高僧　　中夏《ちゅうか》・日域《じちいき》の高僧、

顕大聖興世正意　大聖《だいしょう》興世の正意《しょうい》を顕し、
明如来本誓応機　如来の本誓《ほんぜい》、機に応ずることを明かす。

「西天」は西の天竺ということで、「印度・西天」は共にインドを指す。インドにおける経典の解説書を「論」と称し、その論書《ろんじょ》を造った菩薩を「論家」という。ここでは龍樹、天親の二祖を指す。「中夏」は中国の古称、「日域」は日の出《いず》るところで日本を指す。「中夏・日域の高僧」は、中国の曇鸞、道綽、善導の三祖と、日本の源信、源空の二祖のことである。

以上の三国七高僧が共に、釈迦・弥陀二尊の真実を伝統相続したのであると、親鸞は受けとめている。

「大聖」は釈迦の最上級の尊称であり、「如来」は阿弥陀如来をいう。龍樹以下の真宗七祖はみな打ち揃って、釈迦は弥陀の本願を説くために出世したことを顕し、弥陀は衆生をすくうために本願をたてたことを明らかにした。そうした仏教の根幹をなす一筋の道をあゆんだ人々として、親鸞は真宗七祖を選び定めたのだと述べている。

『歎異抄』の第二章に、親鸞の信仰告白ともいうべきことばが述べられている。

親鸞におきては、ただ念仏して、弥陀にたすけられまいらすべしと、よきひとのおおせをかぶりて、信ずるほかに別の子細なきなり。

「ただ念仏して、弥陀にたすけられまいらすべし」には、二つの呼びかけが含まれている。一つは弥陀の呼びかけである。「ただ念仏して、我（弥陀）にたすけられまいらすべし」という弥陀の勅命《ちょくめい》である。二つは釈迦の呼びかけである。「ただ念仏して、かの仏（弥陀）にたすけられまいらすべし」という釈迦の教命である。そうした「二尊のみこと」を伝える「よきひとのおおせ」を身をもって受けとったと、『歎異抄』の第二章で親鸞は述べている。

「よきひと」は、直接には親鸞の師である法然を指す。しかしそれはたんなる法然個人のことをいっているのではない。「ただ念仏して、弥陀にたすけられまいらすべし」という、釈迦・弥陀二尊のみことを伝えてきた七高僧の伝統を内につつんだ「よきひとのおおせ」である。親鸞においては七高僧のそれぞれが「よきひと」であったといえる。

「正信偈」の後半の依釈分は、そうした真宗七祖という「よきひとのおおせ」の伝承を、七高僧一人ひとりに分けて讃詠したものである。そういう意味で、「正信偈」の依釈分については、むかしから読み方が指示されている。依釈分は龍樹、天親、曇鸞、道綽、善導、源信、源空と真宗七祖が次第するが、その一人ひとりの讃詠の前に、「顕大聖興世正意、明如来本誓応機」のことばをそえる心得で読めといわれる。すなわち、

大聖興世の正意を顕し、如来の本誓、機に応ぜることを明かす、ために龍樹菩薩は、……。

顕大聖興世正意、明如来本誓応機、天親菩薩、……。

顕大聖興世正意、明如来本誓応機、本師曇鸞、……。（以下、同じ）

と、次第して読むように教えられている。

以下、親鸞が明示した二尊のみことを念頭に置いて、真宗七祖の「おおせ」をたずねることにする。

第二章　龍樹の仏教

一　大乗仏教の祖師

初歓喜地

真宗第一祖の龍樹《りゅうじゅ》は、西暦一五〇～二五〇年ごろの人であるといわれている。伝記では南インドの生まれだという。龍樹という名前は、原名の「ナーガールジュナ」の漢訳である。

龍樹は大乗仏教の基礎である「縁起・空」の思想を確立した。仏教が今日も生きてはたらいている基《もとい》をきずいた最大の功労者である。そういうことから「八宗の祖師」と尊敬されている。「八宗」は中国で確立した大乗仏教の基本的な学派を総称することばで、およそ大乗の流れをくむ者はみな龍樹を祖師と仰いでいるのである。

親鸞も真宗七祖をたたえた『高僧和讃』の冒頭に龍樹をおく。その真宗第一

祖の龍樹の功績を、

本師《ほんじ》龍樹菩薩は
大乗無上の法をとき
歓喜地《かんぎじ》を証してぞ
ひとえに念仏すすめける

と、念仏の祖師としての龍樹に満腔の謝意をあらわしている。龍樹の著書としては、空の思想を基礎づけた『中論《ちゅうろん》』をはじめ、『大智度論』などの多くの著書が伝わっている。また浄土教関係では、阿弥陀仏をはじめとする浄土の荘厳《しょうごん》を讃嘆し、龍樹自身の願生浄土のこころを述べた『十二礼《じゅうにらい》』の偈頌がある。それらの中で親鸞が、真宗念仏をすすめる第一の書として選んだのは『十住毘《じゅうじゅうび》婆沙論《ばしゃろん》』である。

『十住毘婆沙論』は、『華厳経《けごんぎょう》』に説かれる菩薩の修行階梯について解説したものである。大乗の菩薩道をあゆむ者の道が十の段階で示されているので「菩薩十地《じゆうじ》」という。『十住毘婆沙論』の「十住」も衆生の住処となる大地の意味で、「十地」と同じである。『十住毘婆沙論』では、その菩薩十地のうち、最初の「初地」と次の「二地」について解説する。

菩薩初地は、はじめて大乗の菩薩として仏道に立つ境地をいう。いわば菩薩としての第一歩といえる。しかも、「真如」といわれる仏教の真理と対面し、体得する位なので、非常に重要な意味をもつ。菩薩十地には、その一つひとつの境地に名前がついている。初地は真理を見るというよろこびをあたえられるので、「歓喜地」と名づけられている。一般には初地と重ね合わせて「初歓喜《しよかんぎ》地《じ》」といわれる。

親鸞における「初歓喜地」

おそらく親鸞は、法然と出会った時、直感的に「初歓喜地」の本質を感得したものと思う。

曠劫多生《こうごうたしょう》のあいだにも
出離の強縁《ごうえん》しらざりき
本師源空いまさずは
このたびむなしくすぎなまし
（『高僧和讃』源空讃）

親鸞は、法然との出会いが人生の岐路であったことを、限りない謝念の中で憶い起こしている。

親鸞は法然に出会うまでの約二十年間を比叡山ですごしている。仏道修行の基本である菩薩十地についての知識は当然もっていたはずである。また龍樹の『十住毘婆沙論』も、大乗菩薩道を解説する基本書として目を通していたであろう。

しかし知っていることと、身がうなずくこととは別である。厖大な仏教の知識をたくわえ、それを実践修行しているにもかかわらず、身のうなずきがない。それが親鸞の苦悩であったろう。そのことを『恵信尼消息』には、「後世《ごせ》を祈る」という痛切なことばで表現している。

「後世」は後生、来世のことである。人生そのものが問題となっていることばである。「後世」ということばで、今、生きている人生そのものを問うている。この人生が空しく過ぎていくのか否か。「空過」の人生となるのか、「満足」の人生を得ることができるのか。そのようないのちのゆくえを問うているのが「後世を祈る」ということばである。

本来、生きる意味を明らかにし、生死をこえる道を教える仏教を学びながら、その仏教の根本がわからない。比叡山における親鸞の自己矛盾はどれほど深刻であったろうか。

『大無量寿経』の五悪段には、智慧を失った罪を、

愚痴矇昧《ぐちもうまい》にして自ら智慧《ちえ》ありと以《おも》うて、生じて従来するところ、死して趣《しゅ》

向《こう》するところを知らず。

と教えている。いのちはどこから来たのか。そのいのちをあたえられて生きているこの身には、どういう意味があるのか。しかもそのいのちは生死するいのちである。このいのちの意味を問うことが人間の究極の問題といえる。
親鸞は二十年にわたる比叡山での懸命の修学にもかかわらず、この「いのちの問い」の前に、なすすべもなくたたずんでいた。そしてはからずも、法然と出会うことによって、空しく過ぎることのない「いのちの意味」を見いだしたのである。

先師法然の苦闘

実は、師の法然自身が親鸞と同じ問題をもち、そしてその問題を解決していったのである。「智慧の法然房」といわれるほど学殖《がくしょく》ゆたかであった法然が、比叡山を出たのは四十三歳の時だった。

まじめに仏道を求めた者がぶつかる「出離生死《しゆつりしようじ》」という共通の問題に法然も逢着したのである。その苦闘の中で法然は、比叡山の黒谷《くろだに》にあった報恩蔵の経蔵にこもった。人生五十年の時代にあって、四十三歳は晩年ともいえる。もしここで仏教の核心が得られなければ、仏陀釈尊の生きた声が聞こえなければ、坐して死ぬしかないという決意であったと思われる。

仏一代の教えをおさめた一切経《いつさいきよう》を読むことが五遍におよび、善導の『観経《かんぎよう》疏《しよ》』の、

一心に弥陀《みだ》の名号《みようごう》を専念して、行住座臥《ぎようじゆうざが》、時節の久近《くごん》を問わず、念念に捨てざるをば、これを「正定《しようじよう》の業《ごう》」と名づく、かの仏願に順ずるがゆえに。

ということばに目がとまった。さらにそれを確かめるためにもう三遍、合計八

遍、一切経を読み直し、ついに称名念仏が阿弥陀如来の本願の行であり、そのことひとつを明らかにするために、釈迦一代の教えが説かれていることを確信した。法然は「南無阿弥陀仏の人」となった。そういう法然に親鸞は出会った。「得道《とくどう》の人」に出会ったということがよろこびの源泉である。

親鸞は法然と出会うことによって、龍樹が説く大乗菩薩道の原基点である「初歓喜地」のことばを、身をもって読むことができたのであろう。それゆえに親鸞は、同じ法然門下の他の浄土諸流と決定的に異なって、『十住毘婆沙論』を真宗第一の書としてかかげたのだと思う。

二　敗壊の菩薩

菩薩初地のつまずき

『十住毘婆沙論』は、菩薩の初地および二地について解説したものだが、力点は初地にある。大乗の菩薩道をあゆむ菩薩としての第一歩をどのように踏みだすのか。次にその菩薩初地はどのような境地なのか。そしてそこで何をなすべきなのか。そうした仏道修行のはじめにある問題について、順を追って解説されている。

ところが、そうして順調に仏道をあゆみはじめたかにみえる者に、重大な問題がおこってくる。菩提心が萎《な》えてくる問題である。

はじめは希望にもえて、新しい世界の中で、新しい自分になっていこうと思い立つ。まっさらな紙がきよらかな水を吸い取るように、見るもの、聞くことが日々新鮮で希望にあふれている。しかし歳月の移り変わりの中で、いつの間にか、希望にかがやいていた未来の設計図が色あせてくる。毎日毎日が同じことの繰り返しである。はじめは自分が変わっていくのが手に取るようにわかったが、それもいつの間にか停滞している。自画像がゆらいでくる。けっして不真面目ではない。努力をしているのだが、密雲のようにおおってくる倦怠感が、はじめのこころざしを見えなくする。退転の危機である。

龍樹は、そうした仏道をあゆむ中で直面する退転の危機に遭遇した者を「敗《はい》壊《え》の菩薩」と名づけている。それはたとえば、馬という名だけがあって、馬のはたらきを失ったようなものだという。走ることを忘れた弊馬《へいば》である。

敗壊の菩薩もそのように、菩薩という名はあるが、菩薩のはたらきを失っている。菩薩のすがたを示しているが、その内実を失っている。菩薩の使命である、無上の仏道を求めるこころざしを見失っている。大乗の菩薩として、「あまねくもろもろの衆生とともに」という、「自利利他円満」の願いを見失っている者が敗壊の菩薩である。

そのような敗壊の菩薩に転落してしまうのか、それとも初心を憶い起こしてもう一度起ちあがるのか。この仏道のはじめにある問題、危機が仏道全体の決定的な問題、危機といえる。

龍樹は竹のたとえで菩薩初地の重要性を説く。竹の節は固く、なかなか截《た》ち割ることはできない。しかし最初のひと節にくさびが入れば、あとは軽く力を加えるだけで、竹は真っ二つに割れる。

菩薩の修行もそれと同じで、初地の位を獲得するのには、相当の難行を必要とする。しかし、ひとたび菩薩初地に至れば、あとの二地以降はたやすく道が開け、十地の行は成就する。初地は菩薩十地のはじめであるが、その初地の位を獲得するか否かが、仏に成る道が開けるか否かを決定する文字通りの出発点である。初地の位の獲得が仏道の成否を決める。だから菩薩が初地に至れば、おのずから仏に成ることが決定するので、菩薩初地のことを「不退転」ともいう。

大乗仏教はそれぞれの伝統的な宗によってさまざまの修行方法を説くが、共通するのは「初地不退転」の獲得である。むしろ初地不退転の境地にいかにして至るのかという方法をめぐって、いろいろな宗に分かれているといってよい。菩薩初地の位の獲得が大乗仏教の共通目標なのである。

如実の菩薩へといざなう「易行品」

『十住毘婆沙論』「易行品《いぎょうぼん》」は称名念仏を説く。仏の名を称える為《な》しやすい行である。易行は難行に対する。しかし、たんに為しがたいことに対して、為しやすいといっているのではない。「速疾《そくしつ》」という問題にこたえて、為しやすい方法を教えるのである。

退転の危機を自覚した者に猶予はない。速やかに疾《と》く仏道に立たなければ、こころざしが腐っていってしまう。そのような一刻の猶予もならない者のために「易行品」は説かれる。

「易行品」は次の切実な問いからはじまる。

初心を憶い起こして、仏道に精進し、不退転に至る方法はわかった。しかし、その初地不退転の位に到達するには、多くの困難な行を修める必要がある。そのためには一大阿僧祇劫《あそうぎこう》という途方もない長い時をついやさなければならない。この長大な時間の堆積の中で、いつしか菩薩の願いを見失うのではないか。

自利利他円満していきたいという願いは、いのちそのものから発する、いわば存在の意味に向かう願いといえる。しかし、その自利利他円満の実現は、あまりにも遠い時のかなたで、手がとどかない。そういう、願いはあっても実現が困難な状態の中で、自利のみの「二乗《にじょう》」といわれる道にそれてしまうのではないか。「声聞《しょうもん》・辟支仏《びゃくしぶつ》」といわれる二乗の者も、さとりに至り、こころの平安を得ることは菩薩と変わりはないが、それは個人の道でしかない。自分だけのこころの平安、自分だけの安穏《あんのん》を求める狭いこころに閉じこもっている。

もし、そのような二乗の個人的なさとりの境地に転落すれば、それは「菩薩の死」といわなければならない。なぜなら、自利利他円満という無上仏道のこころざしを失うからである。しかし実際には、もろもろの困難な行を身に修めていく仏道の長い道のりの中では、二乗に転落してしまう危機をまぬがれることができないだろう。二乗に転落しないで、何か為しやすい行によって速やかに疾く、初地不退転の位に至る方法はないものだろうか。

「易行品」は以上の問いから開説される。

『十住毘婆沙論』は『華厳経』に説く菩薩十地についての解説書である。それにもかかわらず主題でない易行について一章をさいているのは、ほかならないこの私が菩薩として出発することができるかどうかという、仏道の根幹にかかわる問題があるからである。難行に対して易行があるのではない。仏道はもとより難行の道である。難行と易行とを並列して、どちらの方法をとるかというような安易な問題ではない。

龍樹はそのような二乗の誘惑に屈しそうになる者に対して、まず厳しく叱責する。

大乗を行ずる者には、仏、かくのごとく説きたまえり。発願《ほつがん》して仏道を求むるは、三千大千世界を挙ぐるよりも重し。汝、阿惟越致地《あゆいおっちじ》（初地不退転）はこの法はなはだ難《かた》し。久しくしてすなわち得べし。もし易行道の疾く阿惟越致地に至ることを得るありやとは、これすなわち怯弱《こにゃく》下劣の言《ごん》なり、これ大人《だいにん》志幹の説にあらず。

一点のあいまいさもない、仏道の正論を述べる。一切の妥協を排するこの厳正な指摘によって、求道の真剣さを吟味する。

この龍樹のはげしい叱責のことばを浴びて、しっぽを巻いて立ち去る者は論外である。いってみるならば、顔を洗って出直してこいという龍樹の糾弾を受けて、一言の抗弁の余地もない。しかもなお、巌《いわお》のようにたちはだかる仏道の門の前にとどまる者。それが龍樹の求めていた大乗の菩薩なのである。

「信方便の易行」

龍樹は門前払いをくらって、それでもなお仏道の門の前に立ちつづける者に、次のように声をかける。

汝、もし必ずこの方便《ほうべん》を聞かんと欲せば、今まさにこれを説くべし。仏法に無量の門あり。世間の道に難あり、易あり。陸道《ろくどう》の歩行《ぶぎょう》はすなわち苦しく、水道《しいどう》の乗船はすなわち楽しきがごとし。菩薩の道もまたかくのごとし。あるいは勤行《ごんぎょう》精進《しょうじん》のものあり、あるいは信方便の易行をもって疾く阿惟越致に至る者あり。

「一切を捨てず」という龍樹の面目躍如としたことばである。

「必ずこの方便を聞かん」と欲する者にのみ、易行道は開かれている。「必」の字に菩薩の志願があらわされている。願はその内容として「必ず」という意欲がある。もし途中で困難にぶつかり、その為しがたいことに圧倒され、願いを撤回するようならば、それはもともと「願」ではなかったといわなければならない。結果が見えなければやめるというのは願とはいえない。たんなる思いつきにしかすぎない。功利心によるそろばん勘定でしかない。たとえ望みがかなわなくても、道なかばで倒れるとしても、それでもこの道を行こうと欲するのが願であろう。結果を得られないのに、なお望むのは不毛だと一蹴されるかもしれない。徒労だと嘲笑されるかもしれない。しかし「誠実な徒労」ということがある。それは願いを自己とするからである。

『大無量寿経』の下巻に「東方偈《とうぼうげ》（往覲偈《おうごんげ》）」と呼ばれる、浄土を讃嘆する偈文がある。そのおわりに釈迦が、浄土に心の開かれた者を美しく力強くうたいあげている。

たとい世界に満てらん火をも、必ず過ぎて要《もと》めて法を聞かば、
会《かなら》ず当《まさ》に仏道を成《じょう》ずべし、広く生死の流《ながれ》を度せん。

願いを自己とした者に仏道の門は開かれる。「必ずこの方便を聞かん」とは、願こそ我がいのちと決意した菩薩のさけびである。

龍樹はそのような菩薩の魂に目覚めた者に、陸の上を歩くことと、水の上を船に乗って行くことのたとえで、「信方便の易行」を説く。信心という無上の方便によって、すみやかに疾く不退転に至る道があることを示すのである。「易行品」に説かれる易行の内容はきわめて単純である。それはもろもろの仏の名を称えよということである。龍樹は諸仏の徳を讃嘆し、憶念称名することをすすめる。

まず、十方の十仏の名をあげる。東・西・南・北・東南・西南・西北・東北・下方・上方の十方の世界にいる諸仏の名をあげ、

もし人疾《と》く、
不退転地に至らんと欲《おも》わば、

恭敬心《くぎょうしん》をもって、
執持《しゅうじ》して名号を称すべし。
もし菩薩この身において阿惟越致地に至ることを得、阿耨多羅三藐三菩提《あのくたらさんみゃくさんぼだい》を成らんと欲《おも》わば、当《まさ》にこの十方諸仏を念ずべし。名号を称すること『宝月童子所問経《ほうがつどうじしょもんぎょう》』の「阿惟越致品」の中に説くがごとし、と。

と、それら十方の十仏の名を聞いて、信じて受ければ、不退転に至ることを述べる。

さらに、十方の十仏ばかりでなく、数多くの諸仏の名をあげ、最後は百四十三の菩薩たちの名もあげて、それらの諸仏や菩薩を憶念し、恭敬し、礼《らい》拝《はい》して、不退転を求めるべきであるとすすめる。

このように「易行品」は、一面、諸仏や菩薩の名を羅列《られつ》することに終始しているともいえる。「信方便の易行」といっても、それら数多くの諸仏、菩薩の名を信じよということにつきる。仏道を成就してさとりをひらいていった諸仏たち、さとりをひらこうと志願をおこし仏道をあゆんでいる菩薩たちの名が易行道の実質的な内容である。「この事実を見よ」ということであろう。

自分ができるか、できないか。結果を得たか、得ないか。そのような自己関心をはなれて、すでにこの道をあゆんでいった、また今現在あゆんでいる、そして未来にあゆもうとしている、無量無数の人々がいるではないか。その事実を信頼して、汝も仏道の歴史に参加せよと呼びかけているのが、真宗第一の書、龍樹の『十住毘婆沙論』「易行品」である。

親鸞が法然に出会ったよろこびの源泉はここにあったと思う。「善き人にも悪しきにも、同じように、生死出ずべき道をば、ただ一筋におおせられ候いし」法然の念仏をすすめる声に、親鸞は龍樹の呼びかけを聞いたのだと思う。「ここに念仏の仏道がある。君はどうするか。」

三　諸仏の称名

「易行品」を読む

親鸞は「易行品」を読むにあたって、ひとつの工夫をこらしている。十方の十仏の名をあげたあと、さらに数多くの諸仏の名を称することをすすめるために、百七という厖大な数の仏の名が列挙される。その百七仏の最初に「無量寿仏」の名がある。親鸞はそれらの諸仏の名は、たんに並列的に羅列されているのではなく、諸仏はみな最初の無量寿仏（阿弥陀仏）を念じているとした。

いま当《まさ》につぶさに無量寿仏を説くべし。世自在王仏乃至《ないし》その余の仏《ぶつ》まします、この諸仏世尊、現在十方の清浄《しょうじょう》世界に、みな名《みな》を称し阿弥陀仏の本願を憶念《おくねん》することかくのごとし。もし人《ひと》、我《われ》を念じ名を称して自《おの》ずから帰すれば、すなわち必定《ひつじょう》に入りて阿耨多羅三藐三菩提を得《う》、このゆえに常に憶念すべし。

「易行品」はそこに名前があげられている諸仏の集団ごとに章を分けて読まれてきた。十方十仏章からはじまり、百七仏章、過去未来八仏章、東方八仏章、三世《さんぜ》諸仏章、そして諸大菩薩章と名づけられる。

ところが親鸞は、百七仏章の最初に名が示されている「無量寿仏（阿弥陀仏）」を中心に読みかえた。その余の百六の諸仏はいま現に十方の浄土にいて、みな共に阿弥陀仏の本願を憶念している。もし人が阿弥陀仏を憶念し称名するならば、必ず仏道を成就し阿耨多羅三藐三菩提といわれる無上のさとりを開くことができる。その事実の証人となっているのが百六の諸仏である。親鸞はそのように、百七仏章を阿弥陀仏の本願を明らかにする弥陀章と見た。そうすれば、その前後の章も同じように、さまざまな諸仏、菩薩の名があげられているが、その諸仏、菩薩の名の意味するところはみな阿弥陀仏の本願を讃嘆するためである。親鸞の「易行品」を読む視点は、その全体を弥陀章と見ることにある。十方世界の無量の諸仏が阿弥陀仏を讃嘆することを誓う、諸仏称名の願の成就を証《あかし》するのが「易行品」である。

親鸞は法然の、

ただ念仏して、弥陀にたすけられまいらすべし。（『歎異抄』）

という、念仏をすすめる声に諸仏の称名を聞いた。

ここに同じ法然の流れをくみながら、他の浄土余流と親鸞の浄土真宗との截然とした区別が生まれる。浄土真宗、すなわち諸仏称名の願の発見の源流は龍樹の『十住毘婆沙論』「易行品」にあったのである。

親鸞の受けとめ――「正信偈」

浄土真宗の源流としての諸仏称名を明らかにした龍樹の恩恵を、親鸞はどのように受けとめたのか。「正信偈」の龍樹章にそって見ていきたい。

「正信偈」の龍樹章は、『楞《りょう》伽《が》経』に説かれる龍樹の出世の物語と『十住毘婆沙論』「易行品」の要義とからなる。

はじめに「楞伽懸記」といわれる未来記が記されている。

釈迦如来楞伽山
為衆告命南天竺
龍樹大士出於世
悉能摧破有無見
宣説大乗無上法
証歓喜地生安楽

釈迦如来、楞伽山《せん》にして、
衆《しゅう》のために告命《ごうみょう》したまわく、
南天竺《なんてんじく》に、龍樹大士《だいじ》世に出《い》でて、
ことごとく、よく有無《うむ》の見《けん》を摧破《ざいは》せん。
大乗無上の法を宣説《せんぜつ》し、
歓喜地を証して、安楽に生ぜん、と。

親鸞が真宗第一祖である龍樹のことを述べるにあたって、楞伽懸記という物語からはじめたことに注意すべきであろう。

釈迦の予言、未来記というかたちをとって人々の希望をあらわす。教理ではなく民衆の願いをはじめに置く。しかも楞伽懸記は、他の宗教の予言にみられるような選民志向ではなく、すべての人々に開かれていく内容をもっている。大乗への祈りである。われもひとも共に目覚めていく大いなる道を求める心が、やがて龍樹が出世して「大乗無上の法」を説くであろうと、釈迦をして語らしめる物語となって伝承されていたのだろう。親鸞はそうした民衆の一番深い心をくみ取って、七祖を讃嘆する歌の冒頭に楞伽懸記のことばを置いたと思われる。

易行の道

次に『十住毘婆沙論』によって、易行の道を明らかにした龍樹の功績をたたえる。

顕示難行陸路苦　　難行の陸路《ろくろ》、苦しきことを顕示《けんじ》して、

信楽易行水道楽　　易行の水道《しいどう》、楽しきことを信楽《しんぎょう》せしむ。

難行を陸路の歩行にたとえ、易行を水道の乗船にたとえる。このたとえは難行に対して易行をたてる「易行品」の文によっている。

昔の交通の便では、陸上を歩いていくことは時間もかかり、いろいろな困難に遭遇したのだろう。一方、船に乗り順風を得れば、みずからの力をもちいることなくすみやかに目的地につける。歴劫《りやくこう》修行の自力の行を陸道の歩行にたとえ、凡夫速疾《そくしつ》の他力の行を水道の乗船にたとえたものである。

仏の教えは万人に広開されている。しかしその教えにしたがって道をあゆむものは一人一人《いちにん》である。身のたけに合わない着物は、たとえそれがどんなに華美壮麗なものであろうとも、着物の用をなさない。八万四千といわれる仏の教

えがどんなに壮大華麗、精緻をきわめていても、それが現実の人の身のたけに合わなければ、万人の仏道とはなりえない。

法の普遍性は現実を生きる人の道となって、はじめて証明される。龍樹は「仏法に無量の門あり」と、あらゆる人々を潤す法を高らかに讃嘆する。だからこそ、その仏法の門の前に集う無辺の衆生に広開されている法の普遍性を証明するために、陸道の歩行と水道の乗船のたとえで、難行と易行との別を示すのである。

この地上における人の資格を一切問わない。その人がどういう人であろうとも、そのままで、眼前に仏法を示す。それが水道の乗船にたとえられる「信方便の易行」である。

親鸞は難行について、「顕示」という仏の出世本懐《ほんがい》の大悲をあらわすことばを使っている。みずからの能力、資質、智慧、才覚をたのみとする自力の難行の偏狭性を知らせるためであろう。

信を唯一の道とする易行のみが万人の仏道である。老少、善悪、豪貴、鄙賤、あらゆる人が乗り合わせる船にたとえて、他力易行の信をすすめる。親鸞は如来の本願を信じることが万人の仏道であることをあらわすために、易行には「信楽」という信心の核心を示すことばをそえる。信楽はすべての人々が阿弥陀仏の本願を信じることができるように、ひとすじに本願を信じる心を衆生に与えようと、本願それ自体が誓っている信心である。信楽は如来回向《えこう》の信心である。

「信方便の易行」は、その本願それ自体に誓われている信心を、実人生を生きる一人ひとりが、それぞれの身の事実のところで受けていく道である。われもひともみなもろともに、本願の信心を受けて、自分自身の本当の人生を生きる道が易行道である。親鸞はその易行道という人生の実相を、『教行信証』の冒頭に、「難思《なんし》の弘誓《ぐぜい》は難度海《なんどかい》を度《ど》する大船《たいせん》」であるとたたえている。

龍樹をたたえて

「正信偈」の龍樹章の最後は、本願の信心を生きる易行の利益《りやく》がうたわれている。

憶念弥陀仏本願　弥陀仏の本願を憶念すれば、
自然即時入必定　自然《じねん》に即《そく》の時、必定《ひつじょう》に入《い》る。
唯能常称如来号　ただよく、常に如来の号《みな》を称して、
応報大悲弘誓恩　大悲弘誓《ぐぜい》の恩を報ずべし、といえり。

龍樹の「易行品」では、「信方便の易行をもって疾《と》く阿惟越致（不退転）に至る」と述べて、以下、称名念仏をすすめている。十方の仏土にいる十仏をはじめ、数多くの諸仏、菩薩の名をあげ、心から尊敬の念をもってそれらの諸仏、菩薩の名を称えることが「信方便の易行」だという。

親鸞はこの「易行品」の龍樹のことばを、すべて阿弥陀仏の本願をたたえることばとして読んだ。数限りない無量の諸仏は、みな阿弥陀仏の本願を憶念し、その本願の名のりである「南無阿弥陀仏」をほめたたえている。南無阿弥陀仏の歴史が「易行品」となって記されたといえよう。

龍樹が万人のための易行として明らかにした称名念仏は、諸仏が阿弥陀仏の本願を憶念称名する、諸仏の称名である。われわれはその諸仏がほめたたえている「南無阿弥陀仏」の本願の名を聞いて、そのままに一心に本願を信じる。それが親鸞の了解した「信方便の易行」であった。

「憶念弥陀仏本願」は、そうした諸仏の称名を聞いて、本願を信じて受ける信心のおこる時をいう。

「自然即時入必定」は、諸仏にならって念仏の信心がおこる時、その「信方便の易行」によって、ただちにこの身の上に、この世において、必ず仏のさとりに至るべき正定聚《しょうじょうじゅ》不退転の心境が開かれることをいう。

「唯能常称如来号」は、一心に弥陀の本願を信じて、「南無阿弥陀仏」と本願の名号を称えることである。生活そのものが念仏の中での生活となるという、新しい人生をいう。

「応報大悲弘誓恩」は、憶念称名のひと声、ひと声が、凡夫に仏道の出発点をあたえる如来の大悲の誓願の恩徳にむくいるものであることをいう。

以上、浄土真宗の旗じるしであり、万人の仏道である称名念仏の一行を明らかにした龍樹を、親鸞は真宗第一祖として讃嘆するのである。

第三章　天親の仏教

一　往生浄土を明かす教え

天親の『浄土論』

真宗第二祖の天親《てんじん》は、西暦五世紀ごろのインドの人であるといわれている。伝記では、北インドのプルシャプラ（現在のパキスタン、ペシャワール地方）の生まれだと伝える。「天親」という名前は、原名の「ヴァスバンドゥ」の古い時代の漢訳（旧訳《くやく》）である。中国の唐の時代にインドに留学した玄奘《げんじよう》は「世親《せしん》」と訳した（新訳）。親鸞もそのことは承知しており、『入出二門偈頌文《にゆうしゆつにもんげじゆもん》』や『尊号真像銘文《そんごうしんぞうめいもん》』に、「旧訳には天親、新訳には世親」とことわっている。『教行信証』などでは、伝統的な天親の語を使っているので、いまはそれにしたがう。

天親は古来、「千部の論師《ろんじ》」と尊称され、数多くの著書を残している。兄の無著《むじやく》と共に、仏教の基本思想のひとつである唯識《ゆいしき》の思想を大成した。龍樹とならぶ大乗仏教の巨人ともいえる。親鸞が天親を真宗第二祖としたのは、大乗仏教にしめる天親の位置もあろうが、「親鸞」というみずからの名のりの一字を天親に負《お》っていることからわかるように、天親が浄土真宗の基調論書である『浄土論』を著したからである。

これは師の法然の教えによる。法然は主著の『選択集《せんじやくしゆう》』の第一章において、浄土宗の綱格を定めるにあたって、

まさしく往生浄土を明かす教というは、三経一論これなり。

と、浄土三部経（『大無量寿経』・『観無量寿経』・『阿弥陀経』）とならぶ位置を天親の『浄土論』に見いだしている。

ただし、法然は『選択集』そのものには直接、天親の『浄土論』を引いていない。法然の立場は「ひとえに善導一師に依る」と明言するように、善導流の教えである。その善導は曇鸞、道綽、善導と浄土の教えを師資相承《ししそうじよう》している。そういうことから、浄土門仏教の実質的な創始者である真宗第三祖の曇鸞の畢《ひつ》

生《せい》の著書が、天親の『浄土論』を註釈した『浄土論註』であり、もとの『浄土論』が浄土門仏教の根本聖典であることは自明の理であったのかもしれない。曇鸞は『浄土論』の正式名称である「無量寿経優婆提舎願生偈《むりようじゆきよううばだいしやがんしようげ》」の題号を解釈して、

釈迦牟尼仏、王舎城《おうしやじよう》および舎衛国《しやえこく》（浄土三部経が説かれたそれぞれの場所）にましまして、大衆《だいしゆう》の中《うち》にして、無量寿仏の荘厳功徳《しようごんくどく》を説きたまう。すなわち、仏の名号《みようごう》をもって経《きよう》の体《たい》とす。

と、『浄土論』が「三経通申《つうしん》の論」であることを述べている。

そのように、浄土三部経に通じて説かれている阿弥陀仏の名が何であるのかを、すなわちその本願の名号のはたらきを明らかにするのが『浄土論』なので、法然は天親の『浄土論』こそ、浄土三部経に説かれた釈迦の教えの意図をより鮮明にする菩薩の論にふさわしいものであるとして、「三経一論」と位置

づけたのだろう。
そうした法然の「三経一論」の指示に忠実にしたがったのが親鸞だった。親鸞はみずからの信仰のあゆみの足跡をふり返って、『教行信証』信巻《しんのまき》の別序に、

広く三経の光沢《こうたく》を蒙《かぶ》りて、特《こと》に一心の華文《かもん》を開く。

と述べている。ここに記す「一心の華文」が『浄土論』である。

大悲実践の書

『浄土論』は『往生論』ともいうが、その正式名称は『無量寿経優婆提舎願生偈』である。「無量寿経」は、中心的には『大無量寿経』を指すが、阿弥陀仏の本願を説き、その名号を示すという意味から、『観無量寿経』および『阿弥陀経』をもつつみ、浄土三部経全体を内容とするといわれる。本願の経であ

る。

「優婆提舎」は、「ウパデーシャ」というインドのことばの音写で、中国では「論」あるいは「論議経」と訳される。「無量寿経優婆提舎」は「無量寿経論」と訳してもいいのだろうが、あえて「優婆提舎」という原語を残したところに、逆に翻訳者の伝えたいことがあったと思われる。

龍樹の『十住毘婆沙論』が「毘婆沙」というインドのことばを残しているのも、そのもとのヴィパーシャということばに、さまざまの姿、形をもって生きている現実の人たちに、種々の説き方を示すことによって、すべての人にもれなく仏法を伝えたいという気持ちがこめられている。そのように「優婆提舎」ということばにも、「論」を造る願いがあらわれている。

ウパデーシャは「近づいて示す」という意味である。人から人へとこころを伝えるときには、顔を合わせ、声をかけなければならない。高い位置から発する声は命令である。顔を合わせることのないことばは、たんなる情報でしかない。人間を機能や物のかたまりとして見ているときは、そうした命令や情報でことたりるだろうが、生きている現実の人と接するときは、場を同じくして、こころにひびく声をかけなければ、こころは届かない。ウパデーシャは、共にあい寄り、近づいて、われもひともそれに依るべき真実の法を示すという、仏法伝達の基本原理をあらわすことばだといえる。

「無量寿経優婆提舎」は、『無量寿経』として説かれた如来の本願のこころを、煩悩具足の凡夫のために近づいて示す論である。実人生を生きる一人ひとりに向かって、あなたに伝えたいことがあると呼びかける天親の大悲の実践の書といえよう。その天親の大悲のこころに触れて、親鸞は「一心の華文」と仰いだのである。

願生の歌

「願生偈《がんしょうげ》」は願生の歌をいう。阿弥陀仏の浄土への往生を願う歌である。

『浄土論』は前半が偈文《げもん》（歌）、後半がその偈を解釈した長行《じょうごう》（散文）という構成になっている。インドの論書によく見られる偈本と釈論本の二つを、翻訳の時に一つにまとめたものであろうといわれる。

『浄土論』の註釈書を著した中国の曇鸞は、「偈は己心《こしん》を申《の》ぶ」と『浄土論』の本質を的確に指摘している。

「願生偈」は天親自身の信仰を告白したものである。如来の本願に相応して生きる者となった天親のよろこびの歌である。しかし、そのよろこびはたんに天親個人のよろこびではない。偈の最後に、

普共諸衆生　普《あまね》くもろもろの衆生と共に、
往生安楽国　安楽国に往生せん。

と、高らかにうたいあげるように、すべての衆生と共によろこぶのである。あらゆる人々と分かちあうよろこびである。

その願生のこころが、あらゆる人々に共通する普遍のこころであることを論

じたのが、『浄土論』後半の散文部分の長行といえる。願生のこころはたんなる個人の思い、心情にとどまることなく、あらゆる人々を貫く、人類の祈りともいうべき普遍性をもっていることを述べるのが長行である。その普遍性を天親は、大乗の仏道をあゆむ「菩薩」という新しい人間像として提示している。『浄土論』の中心は天親自身の「己《おの》れの心」を歌った「願生偈」である。しかし同時に、その「己れの心」はあらゆる人々の本心としてある「己れの心」である。「願生」というその普遍の道理を明らかにするのが、『浄土論』後半の長行であるとみれば、『浄土論』全体が「衆生の我《われ》」となった天親の願生の歌といえるだろう。

『浄土論』は、偈本と釈論本とが合体したものであろうが、現行の『浄土論』がその全体を総称して「無量寿経優婆提舎願生偈」と題しているのは、それが衆生と共に仏道を行こうとする大乗の論書であることをあらわしているといえるのではないかと思う。

『浄土論』の内容

『浄土論』の前半の偈本部分を「総説分《そうせつぶん》」という。「願生偈」の偈文をしめくくって、

無量寿修多羅《しゅたら》の章句、我、偈誦《げじゅ》をもって総じて説きおわんぬ。

と述べられていることによる。『浄土論』の後半の釈論本部分を「解義分《げぎぶん》」という。長行の最後に、

無量寿修多羅優婆提舎願偈、略して義を解《げ》し竟《おわ》りぬ。

と述べられていることによる。

こうして『浄土論』は、総説分と解義分とに分けられるが、そのうち総説分

の「願生偈」は、経典にならって三つの部分から成り立っているとされる。はじめは「序分」である。序分は、天親みずからが信心を表白した「帰敬《ききょう》序」と、この願生の歌が天親のいのちの奥底からわきおこってきた理由を述べる「発起《ほっき》序」とから成る。

次は「正宗分《しょうじゅう》」である。如来の本願の世界がうたいあげられている。『無量寿経優婆提舎願生偈』が『浄土論』と呼びならわされているのは、ここに阿弥陀如来の浄土のすがたが過不足なくあらわされているからである。浄土のすがたは三種の荘厳として述べられている。

一つは国土の荘厳功徳である。十七種に分けて述べられている。浄土のすがた、はたらきの環境的側面を明らかにするもので、「依報《えほう》」という。天親は「器世間清浄《きせけんしょうじょう》」と名づけている。

二つは八種の仏荘厳功徳、三つは四《し》種の菩薩荘厳功徳である。浄土を浄土としてたもち、はたらかせる主体的側面で、仏荘厳と菩薩荘厳を合わせて「正《しょう》報《ほう》」という。天親は「衆生世間清浄」と名づけている。

以上、浄土を国土、仏、菩薩の三種、合わせて二十九種荘厳《にじゆうくしようごん》であらわす。おわりは「流通分《るずうぶん》」である。この願生の歌があらゆる人々の願生のこころを呼びおこすことを願う、「回向《えこう》」のことばが述べられている。

『浄土論』の後半の解義分は、曇鸞の『浄土論註』の指示にしたがえば、十の段落から成り立っている。

一つは「願偈大意《がんげたいい》」である。「願生偈」の大意を述べる。

二つは「起観生信《きかんしようしん》」である。どのように浄土を観じ、どのように往生の信心をおこすのかを述べる。浄土に往生する因として、一心の念仏が礼拝門《らいはい》、讃嘆門《さんだん》、作願門《さがん》、観察門《かんざつ》、回向門《えこう》の五念門として展開することを述べる。

三つは「観行体相《かんぎようたいそう》」である。依報、正報の二十九種荘厳のすがたを詳しく述べる。

四つは「浄入願心《じようにゆうがんしん》」である。浄土の荘厳は、みな阿弥陀仏の因位である法蔵菩薩の願心に報いあらわれたものであることを述べる。

五つは「善巧摂化《ぜんぎようせつけ》」である。浄土往生の志願をおこした菩薩が、巧みな方便をもって衆生を利益《りやく》するすがたを述べる。

六つは「離菩提障《りぼだいしよう》」である。菩薩の利他大悲の行をさまたげる自己執着のこころを離れることを述べる。

七つは「順菩提門《じゆんぼだいもん》」である。菩薩の大悲の行をさまたげる障りを離れて、仏のさとりである菩提に順《したが》う行を修することを述べる。

八つは「名義摂対《みようぎせつたい》」である。離菩提、順菩提で示された菩薩のこころの実働を述べる。

九つは「願事成就《がんじじようじゆ》」である。往生浄土の願心が成就したことを述べる。

十は「利行満足《りぎようまんぞく》」である。往生の果として近《ごん》門、大会衆《だいえしゆ》門、宅《たく》門、屋《おく》門、園林遊戯《おんりんゆげじ》地門の五功徳門が示され、自利利他円満の菩薩行が成就し、仏のさとりを得ることを述べる。

解義分は偈文の解釈であるが、それはまた凡夫が浄土の真実に目覚め、みずからを大乗の菩薩として自己成就していく仏道の展開を明らかにするものとなっている。

二　一心の華文

「願生偈」

『浄土論』の冒頭、「願生偈」のはじめのことばが『論』のすべてをあらわしている。親鸞が「一心の華文」とたたえ、真宗の信心の基礎としたことばである。

世尊我一心　　世尊《せそん》、我《われ》一心に、
帰命尽十方　　尽十方《じんじっぽう》
無碍光如来　　無碍光《むげこう》如来に帰命《きみょう》して、
願生安楽国　　安楽国に生まれんと願ず。

「我一心」の三文字に、親鸞の信のすべてがある。

世にあって、あらゆる人々のために、真に尊い阿弥陀仏の本願を説きあらわした人として、天親は釈迦を「世尊よ」と呼びかける。

歴史的には、釈迦と天親との間には八百年ほどの時のへだたりがある。それにもかかわらず、天親は「世尊よ」と、その人が今そこにいるように呼びかけている。釈尊目《ま》のあたりである。仏教の真髄ともいうべきものが、この「世尊」の一語に示されている。仏弟子天親のすがたがくっきりと起ちあがってくることばである。

親鸞は何よりもまず、この『浄土論』冒頭の一語に感動したのだと思う。建仁元年（一二〇一）、生きた仏教を求めて比叡山をおりた親鸞が、「ただ念仏して」と語りかける法然に出会った時の感動は、この天親の「世尊よ」という呼びかけのことばに連なるものであったといえる。現実に生きてはたらく仏教に出会えたよろこびである。生きた仏教とは、仏弟子として高らかに仏陀釈尊を仰ぐ「よきひと」、善知識《ぜんじしき》に出会うことにほかならない。

曠劫多生《こうごうたしょう》のあいだにも
出離の強縁《ごうえん》しらざりき
本師《ほんじ》源空いまさずは
このたびむなしくすぎなまし
（『高僧和讃』源空讃）

「よきひと」法然との出会いの感動をうたいあげたこの和讃は、ここに仏の教えにしたがい、仏法を生きる人がいたというよろこび、感動である。親鸞は目の前に親しく念仏の法を説く法然を通して、その法然よりさらに八百年ほど前の天親の「世尊よ」という呼びかけのことばを生き生きと聞きとっていたのだと思う。

結局、求道のすべては「世尊よ」という一語が発せられるかどうかにかかっている。仏の名を呼び、仏を仰ぐことなしに、道を求めるということは成り立たない。もし、仏の教えを受ける仏弟子の自覚がないまま仏教を語るとすれば、それは仏教という名の自我関心、自己主張でしかなかろう。仏教という文化現象についての物知りでしかない。

『浄土論』は、冒頭の「世尊よ」の一語から、おのずとつむぎ出された仏法讃嘆の文である。世尊、釈迦牟尼仏が『無量寿経』に説いた本願の仏法の世界を、天親がその「一心」の素直なこころをもって、聞こえたままに書きとめたのが『浄土論』という書物であるといえる。

一心の我

「世尊よ」と名を呼んだところから、おのずと「我一心」の自己が明らかになる。「一心の我」の成立である。

仏教は「無我」を説く。それにもかかわらず天親は「我は一心に」と、「我」を前面に押し立ててみずからの信仰を述べている。『浄土論』の原文は見つかっていないが、サンスクリット語の構文上、「我」という第一人称の代名詞がなくてもその意味は通じるので、「我」という語は漢訳者が付け加えたのかもしれないといわれている。一句五言の偈文のかたちを整えるために、漢訳者が「我」の語を挿入したのだとしても、これはすばらしい識見である。

説教でよくいわれるように、仏法は無我であるが忘我ではない。むしろ積極的に真実の我、本当の自己を明らかにするのが仏の教えである。天親は「願生偈」の冒頭に、「世尊よ」と仏陀釈尊を呼ぶことによって、真実の自己を見いだしたのである。

天親の「我」は「一心の我」である。無我を説いた釈尊を仰ぎ、その教えにしたがって、自他相対の差別を乗りこえて、広く世界に向かってこころを開いている「無我なる我」である。「世尊よ、我は一心に」と、みずからを積極的に「我」と名のりあらわしているところに、曇鸞のいう「流布語《るふご》」としての我が本当の意味で成立しているといえよう。人間のどのような相対差別のすがたをも乗りこえて、あまねく人から人へと広くゆきわたり、こころが一つに結ばれる。そのような人間の根源的連帯に目覚めたことばが「我一心」である。

親鸞は、

一心はすなわちこれ真実信心なり。　　（『教行信証』信巻）

と述べる。浄土真宗の中心点がここにある。「一心の我」がどのように成立するか。親鸞の教えのことばはすべてこの一点に帰結する。親鸞が天親の『浄土論』を「一心の華文」とほめたたえたのも、『浄土論』がその「一心の我」の世界を説き明かしているからである。

はじめに礼拝あり

「帰命尽十方無碍光如来」は一心の内容である。親鸞はこのことばを真宗の本《ほん》尊《ぞん》としている。

はじめに礼拝《らいはい》がある。「帰命」は礼拝のこころである。真に貴ぶべきものを見いだしたよろこびが、おのずから礼拝となってあらわれる。こころの奥深くでたずね求めていたものに、ついに出会ったという存在の感動といえよう。

礼拝の原型は仏伝の「初転法輪《しょてんぼうりん》」の描写によくあらわされていると思う。釈尊がさとりを開いたあと、かつて共に修行した五人の比丘《びく》（修行者）に法を説こうと思いたった。一方、五比丘たちにとって釈尊は、六年間にわたる厳しい苦行を放棄した者なので、彼らは釈尊を脱落者とみなしていた。五比丘は釈尊を無視しようと申し合わせていた。ところが、釈尊が近づいてくるにしたがって、五比丘は思わず起ちあがり、釈尊を迎えいれた。五比丘は釈尊を敬いのこころをもって礼拝し、座をこしらえ、食べ物の器を用意し、水で釈尊の足を洗った、と仏伝に記されている。

釈尊は五比丘たちと同じかつての修行仲間としての人間、しかもそこから脱落した敗北者ではなかった。真理の法が全身心にみなぎり、仏法に安住している法の勝利者であった。その釈尊の存在そのものの威厳が、五比丘をして思わず起ちあがらせ、礼拝させたのである。目の前に立っているのは人間釈迦のすがただが、その釈迦の存在そのものをつつんでいる真理の光が五比丘を照らした。五比丘は真理の法が釈迦という人となって眼前に来ている事実を見たのである。

如来を拝見する。仏伝が語るこの決定的なできごとから、釈尊のはじめの説法、初転法輪という仏教の成立が示されていることに注意すべきだろう。礼拝のこころが仏法の門を開くのである。

よき人、光の人

「尽十方無碍光如来」は阿弥陀仏の名である。親鸞が「正信偈」の冒頭にまず、

帰命無量寿如来　　無量寿如来に帰命し、
南無不可思議光　　不可思議光に南無したてまつる。

と、阿弥陀仏を讃嘆しているように、阿弥陀仏は無量寿と無量光としてあらわされる。いまはその阿弥陀仏の徳である「いのち」と「光」のうち、光のはたらきを示して、「尽十方無碍光如来」と阿弥陀仏の名を呼んでいる。

光は象徴的表現である。宗教の根幹に光がある。キリスト教の『聖書』の「創世記」では、天地創造の神話として、混沌の闇の中で神が「光あれ」と言うことから物語がはじまる。仏教の仏伝では、釈尊がさとりを開く瞬間の描写を、

無知は消えて智が生じ、闇は消えて光が生じた。（山口益編『仏教聖典』）

と記す。

親鸞は仏教の伝統を受けて、「光明は、智慧のかたちなり」（『唯信鈔文意』）と述べている。それはたんなる教理表現をこえて、親鸞自身の宗教的な原体験に裏打ちされている。親鸞は師の法然を阿弥陀仏の智慧のはたらきを象徴する勢

至菩薩の化現《けげん》と敬った。

智慧光のちからより
本師源空あらわれて
浄土真宗をひらきつつ
選択《せんじやく》本願のべたまう

（『高僧和讃』源空讃）

と讃嘆しているように、親鸞にとって法然は光の人であった。光の人に出会った。これが親鸞の信心の原点である。やがて、その光の人である「よきひと」法然との死別を通して親鸞は、光そのものの根源である阿弥陀仏の智慧の世界を探求する信のあゆみをはじめる。その報告書ともいうべきものが、本願の光の国土である浄土の真実を明らかにした親鸞の主著、『顕浄《けんじょう》土真実教行証文類《どしんじつきょうぎょうしょうもんるい》（教行信証）』であるといえよう。

およそどのような宗教現象であっても、光明体験をいわないものはない。光に出会った、光に照らされた、という体験が宗教のはじめにある。何かのおりにそれまで人生の道に行きまどい、自分がどこにいるのかもわからず、行き先も見えない、追いつめられた心理状況の中で、錯乱の一歩手前にあった者が、光に照らされて気持ちがしずまる。これでよかったのだと、ありのままの自分を受けいれる。そうした自己受容の光明体験が宗教の基本構造としてある。

しかし、もしそのような光明体験が自己目的化し、それを宗教的境地の終着点だと思い誤ってしまうならば、宗教は一転して悪魔的な様相をおびる。閉塞したこころから人間を解放し、精神としての人間を自律させるべき宗教が、逆に麻薬的な人間精神の麻痺作用に変質する。かつてマルクス（一八一八～一八八三）が、宗教を「民衆の阿片である」（『ヘーゲル法哲学批判序説』）と厳しく指摘したように、人間を思いの中に閉じこめてしまう。

ひとときのなぐさめ、かりそめの平安は、現実の生活の中でまたたくまに雲散霧消してしまう。かつて体験した身も心もふるえるような感動も、時のうつろいとともに色あせてしまう。それが人間の自然の素直なすがたなのだが、宗教問題の混乱は根が深い。一度は光明体験をしているから、出口のない闇に転落することは恐怖でしかない。光を求めて半狂乱にならざるをえない。もう一度、あの甘美な光明体験ができるならば、自分の全財産をなげうっても、自分の全存在をささげてもいいという誘惑にかられる。

そういう人間のこころをむしばむ擬似宗教体験は、結局、より強烈な、より権威のある光明体験をさせてくれる救主を、生き神を求めて、さまざまな宗教をさまようことになる。宗教的流転《るてん》である。この宗教的流転は光を求めて迷うから、世俗の迷いより根深い。宗教という名の麻薬と紙一重である。

光にあう者は目覚めていなければならない。夜が明けても目が覚めなければ、朝になったことを知らないように、光を光と知る智慧がなければ、光を見ることはできない。光明体験は本来、自覚の内容である。智慧の生まれない光明体験は幻影にすぎない。光は智慧を生み出し、智慧は光を見る。親鸞はそうした大悲の光明と信心の智慧の一如的関係を、「光明は、智慧のかたちなり」と述べ、また「智慧はひかりのかたちなり」（『一念多念文意』）とも述べている。

本願のはたらき――名号

「尽十方無碍光如来」は、無尽の智慧、無碍《むげ》の智慧である阿弥陀仏の智慧のはたらきをあらわす。光の如来である阿弥陀仏は智慧の無量性をあらわす。その光の如来を礼拝する「一心の我」は、光に出会い、光を見る自覚の智慧を得た「我」でなければならない。智慧のはたらきである「尽十方無碍光如来」に「一心帰命」する我の信心もまた信心という智慧である。

阿弥陀仏の名義《みようぎ》である無量の智慧が光明となってはたらき出し、また信心の智慧となって具体化する。そのような阿弥陀仏の智慧における光と信心との呼応が、「帰命尽十方無碍光如来」のことばとなって示されているのである。

親鸞の曾孫にあたる覚如《かくによ》（一二七〇～一三五一）は『改邪鈔《がいじやしよう》』に、

（祖師親鸞聖人は）天親論主《ろんじゆ》の礼拝《らいはい》門の論文《ろんもん》、すなわち「帰命尽十方無碍光如来」（浄土論）をもって、真宗の御本尊とあがめましましき。

と述べている。阿弥陀仏の絵像、木像をないがしろにするわけではないが、智慧のかぎりである阿弥陀仏の、その大悲のはたらきをもっともよくあらわすのが「帰命尽十方無碍光如来」といえる。親鸞はその光と信心とが呼応することば、「帰命尽十方無碍光如来」の十字の名号を真宗の本尊としたのであろう。「帰命尽十方無碍光如来」は「南無阿弥陀仏」を漢訳したものである。「南無阿弥陀仏」はインドのことばの音写であり、「願生偈」の帰敬序が「世尊我一心　南無阿弥陀仏　願生安楽国」であっても一向にかまわない。むしろ「南無阿弥陀仏」ということばの方が一般に流布しているから、「南無阿弥陀仏」が呪文でないことを知らせるために、「世尊我一心」と「願生安楽国」をその前後におぎなって表現した方がいいかもしれない。「南無阿弥陀仏」は「世尊我一心　南無阿弥陀仏　願生安楽国」であるといった方が、「南無阿弥陀仏」は智慧の念仏、念仏の信心という意味をもっていることがよりはっきりするかもしれない。

現行の「願生偈」の帰敬序が、

世尊我一心
帰命尽十方
無碍光如来
願生安楽国

となっているのは、漢訳に際して一句の語数をそろえるために、「南無阿弥陀仏」の六字を「帰命尽十方無碍光如来」の十字にしたともいえよう。

しかし、「南無阿弥陀仏」の六字の名号が保持している本願のはたらき、すなわち信心の智慧を生み出す積極性を十分にあらわしているのが「帰命尽十方無碍光如来」ということばであると考えるならば、親鸞がこの十字名号を真宗の本尊としたこともうなずける。『浄土論』は「無量寿経」の「優婆提舎《うばだいしや》」、すなわち如来の本願をウパデーシャする（近づいて示す）書物であるが、その冒頭に置かれた「帰命尽十方無碍光如来」のことばこそ、「南無阿弥陀仏」の念仏のこころをウパデーシャする（近づいて示す）ものにほかならないといえるだろう。

三　無上菩提心の極楽

「願生安楽国」

「願生安楽国」は阿弥陀仏の光に目覚めた「一心帰命」の信心の内容である。信心はたんなる心理状態ではない。動きをもっている。朝、目が覚めて、一日の生活が始まるように、信心の目覚めも「身」を動かす。一心帰命の信心は浄土に往生する願いを喚び起こす。

「安楽国」は一般に「極楽」といわれる、阿弥陀仏の浄土の名である。「浄土」は「穢土《えど》」に対することばで、仏の浄らかなさとりの国土をいう。親鸞は浄土教の伝統をうけて「報土（報仏土）」ということばを重視する。阿弥陀仏の本願に報いて建立された国土だからである。阿弥陀仏の大悲のこころが、無量の智慧を根拠として、衆生を摂取して捨てることのない浄土を建立する本願となって具体化する。阿弥陀仏の大悲と智慧の統合的表現が浄土といえる。浄土に往生するということは、その阿弥陀仏の大悲と智慧をこの身に受けることである。

「極楽」とか「安楽」ということばを聞くと、ややもすれば人間の欲望に引きつけて、自己中心的な思いがすべてかなった状態を思い浮かべるかもしれない。浄土を欲望全開の境地であるかのように空想する傾向がある。たとえば、「此の世をば我が世とぞ思う望月の虧《か》けたることもなしと思えば」（藤原実資《さねすけ》『小右記《しょうゆうき》』）と詠んだ藤原道長（九六六〜一〇二七）は、あたかも浄土のすがたを写したかと思われる法成寺《ほうじょうじ》を造営している。それは道長の熱心な浄土教信仰のあらわれであろうが、人臣の位をきわめた道長の、この世の栄花をあの世にも延長したいという欲望のあらわれでもあることを否めない。現世と浄土が地続きなのである。

現世の幸福を享受した者は、死後にもその享楽が永続することを渇望し、それを極楽浄土ということばに託して、死の不安を抑えこむ。あの世の浄土というものを実体化して、死後の不可知性に目をつむろうとする。一方、現世で辛酸をなめた者は、死後は極楽浄土に往生する約束を取り付けなければ、現世の不合理性を精算できない。不当で不本意な人生がある時突然、絶ちきられることは、死んでも死にきれない。

いずれにしても、現世の幸、不幸に執着する人間の欲望が、際限もなく極楽浄土という共同幻想を再生産していく。そうした人間の欲望の延長に空想される浄土観は現代にまで根強く続いている。おごれる者の強欲の象徴として、また虐げられた者の慰め、ため息として、浄土ということばは翻弄されてきた。しかし、真正の浄土教はそのような歪曲された浄土観に対して、はっきりと一線を画している。曇鸞は『浄土論註』において、

かの安楽浄土に生まれんと願ずる者は、要《かなら》ず無上菩提心を発《ほっ》するなり。もし人、無上菩提心を発せずして、ただかの国土の受楽間《ひま》なきを聞きて、楽のためのゆえに生まれんと願ぜん、また当《まさ》に往生を得ざるべきなり。

と、浄土の本質をいいあてている。浄土は欲望全開の世間心の領域ではなく、仏法のはたらく菩提心の領域である。

藤原道長の例を持ち出すまでもなく、浄土ということばは現代の欲望に翻弄されるなぐさみ物になっている。せいぜい死を隠蔽する文化装置にすぎない。現代人は多かれ少なかれ、小さな道長なのだろう。

現実の人間は「生死《しょうじ》するいのち」を生きる者である。老い、病み、死す。これが人間の生のすがたである。この人間の現実は、どのような科学技術をもってしても消し去ることはできない。むしろどのような人であっても、その人種、信条、性別、社会的身分や出身の違いにもかかわらず、老、病、死は万人に平等の事実である。およそあらゆることが異なっている個々人にあって、「老・病・死」という「生」のすがたはまったく異なることがない。ただ一つである。

このことは何か重大なことを示唆しているといえるだろう。人々がもっとも忌み嫌う老、病、死の現実にこそ、人間を自分自身の本当の生に着地させるいのちの促しがあるのではないか。人間を不毛の全能感から解放し、自然の生命感覚を回復させる大切なメッセージが、老、病、死という万人の事実に含まれていると思われる。

『大無量寿経』には人生の最大の問題を、釈尊が出家する時のこころに寄せて、

見老病死　悟世非常　老・病・死を見て世の非常を悟る。

と教えている。真実のいのちの入口は、生死するいのちへの目覚めといえよう。

「出離生死」

人間の欲は、生を謳歌《おうか》できる一面のみを取り出して、それを「善」として受

けいれるが、死すべきいのちを生きていることにつながるものは、それを「悪」として受けいれることができない。生死するいのちを生きているという厳粛な事実がいのちの内容であるにもかかわらず、生の一面のみに固着する人間の欲のこころは生そのものをもゆがめてしまう。どのような人も免れることのできない死を直視することに耐えられず、死を隠蔽し、死から逃避する観念操作の対象として浄土ということばが安易に利用されてきた。もしそのような、生死するいのちを生きているという生の事実を覆い隠す幻想として浄土を持ち出すならば、それはもはや仏教ではない。

仏伝はこの人生最大の問題を次のように的確に教えている。

一生を伝道の旅にすごした釈尊は、ようやく老い衰え、病いを得て、死すべき時が来たことを覚った。師との別れを悲しみ泣いている弟子のアーナンダを呼んで、釈尊はしずかに声をかけた。

やめよ、アーナンダよ、悲しんではいけない。嘆いてはいけない。アーナンダよ、わたしがかつてこのことを説いたではないか。すべてのどんな愛すべきもの、好ましきものとも別れ、離れ、異なった状態となるということを。（中略）

アーナンダよ、わたしによって説かれ、知らしめられた法と律とは、わたしの亡きあとはお前たちの師である。（山口益編『仏教聖典』）

また、その場にいた弟子たちに最後の説法をした。

いざ、比丘たちよ、お前たちに告げよう。「諸行は壊れる性質のものである。たゆまずに努力せよ」と。（同前）

仏教は人が死すべきいのちを生きているという、その単純な、そして厳粛ないのちの事実を教える。釈尊の最後のことば、「たゆまず努力せよ」は、そのようないのちの事実に目覚めた者にしてはじめて可能な生への意志である。いのちを私有化することのない公明正大なこころが、与えられたいのちをそのままに受けとっていくことを可能にする。

仏教の目的である「出離生死《しゆつりしようじ》」の道は、仏伝に記された釈尊の臨終のすがたが具体的に示しているといえよう。死を前にして、虚無におちいることもなく、神秘的な奇蹟にすがることもなく、ただ単純に、生死するいのちの道理にしたがい、与えられたいのちを尊び、臨終の一念にいたるまで「たゆまず努力」した人が、仏陀釈尊だった。

安楽浄土の「楽」は「真楽」といわれる。苦と楽が相対し、境遇によって苦と楽が移り変わるようなものではない。むしろ与えられたいのちの絶対現実といえる。どのような境遇に身を置こうとも、そこを私の場所として自己自身を生きることができる。そのような自由の根拠が浄土ということばで伝えられてきた仏教の核心である。

竹中智秀《ちしゆう》師（一九三二～二〇〇六）は仏教が浄土教として現に生きてはたらいている証左を、「浄土へ往生するということは、ここで生きられるようになったということです」と表現した。往生浄土ということを明快にいい切ったことばである。仏陀釈尊は生死するいのちがそのままに仏法の真理を証するものであることを、みずからの生涯をもって示した。それは人として生まれ、与えられたいのちを生きる人生そのものが、浄土を根拠とした「浄土のいのち」のはたらきであることを教えられたものであるといえよう。

天親が阿弥陀仏に帰命する一心の信心を「安楽国に生まれんと願ず」と表現しているのは、釈尊と同じく浄土のいのちに目覚めたよろこびを述べたものといえる。だからこそ天親は『浄土論』「願生偈」の冒頭に、数百年の時をこえて、私はあなたと同じ一つのいのち、浄土のいのちを生きることができるようになりましたと、「世尊、我一心に」と報告しているのだと思う。

「正信偈」の『浄土論』

「親鸞」というみずからの名の一字をいただき、「一心の華文」と尊称する

『浄土論』を著した天親の恩恵を、親鸞は「正信偈」において次のように述べている。

はじめに、『浄土論』製作の恩徳をかかげる。

天親菩薩造論説　　天親菩薩、論を造りて説かく、
帰命無碍光如来　　無碍光如来に帰命したてまつる。

親鸞は、天親が『浄土論』を作った理由を、

釈迦の教法《きようぼう》おおけれど
天親菩薩はねんごろに
煩悩成就のわれらには
弥陀の弘誓《ぐぜい》をすすめしむ

（『高僧和讃』天親讃）

と受けとめている。曇鸞が『浄土論註』において、

凡夫人の煩悩成就せるありて、またかの浄土に生まるることを得れば、三《さん》界《がい》の繫業畢竟《けごうひっきょう》じて牽《ひ》かず。すなわちこれ煩悩を断ぜずして涅槃分を得《う》。

と浄土のはたらきを記していることによりながら、煩悩具足の凡夫のために阿弥陀仏が本願として誓った浄土の真実を明らかにしたのが『浄土論』であるという。

「帰命無碍光如来」は、「願生偈」一行目の帰敬序の「帰命尽十方無碍光如来」のことばを七言に直したもので、天親の一心帰命の初一念の内容をあらわしている。

次に、その『浄土論』の大意を述べる。

依修多羅顕真実　修多羅《しゅたら》に依って真実を顕して、
光闡横超大誓願　横超《おうちょう》の大誓願を光闡《こうせん》す。

広由本願力回向　広く本願力の回向《えこう》に由《よ》って、
為度群生彰一心　群生《ぐんじょう》を度せんがために、一心を彰《あらわ》す。

「依修多羅顕真実」は、「願生偈」二行目の「我《われ》修多羅、真実功徳の相に依って」という発起序の文によっている。

「修多羅」はインドのことばで、経を意味する。仏が説いた教えの内容と形式を分類して「十二部経」というが、修多羅はそのはじめに挙げられるものである。

曇鸞は、修多羅は仏の「直説《じきせつ》」をあらわす名であると注意をうながしている。仏経に依るということ、仏の教えのことばに依るということが仏教の特徴である。仏教はたんなる思想ではない。仏のことばを光とし、仏の教えにしたがってあゆんできた無数の人々の歴史がある。その仏道の歴史に参加することが生きた仏教のはたらきである。「修多羅に依る」ということが仏教の入門になる。

「真実」は浄土の真実をいう。天親が『浄土論』を作るのは仏の教えと相応するためである。そのときに拠りどころとした修多羅（仏経）が『無量寿経』である。『無量寿経』に説かれた阿弥陀仏の浄土のすがたを、国土、仏、菩薩の二十九種の荘厳として明らかにしたのが『浄土論』である。

阿弥陀仏の智慧と大悲のあらわれである本願のまことを、すがた、かたちで表現したのが浄土の荘厳である。だから「真実功徳の相」という。浄土の真実の根拠は阿弥陀仏の本願にある。親鸞は、阿弥陀仏の本願の根本が「南無阿弥陀仏」の念仏にあることを押さえて、「真実功徳は誓願の尊号なり」（『尊号真像銘文』）と述べている。

阿弥陀仏とは何か

「光闡横超大誓願」は、『浄土論』で明らかにされる阿弥陀仏の本願のはたらきを総括的に述べたものである。

『浄土論』の要《かなめ》は仏《ぶつ》の八種功徳の最後に説かれる「不虚作住持功徳《ふこさじゅうじくどく》」にある。

観仏本願力　仏の本願力《りき》を観ずるに、
遇無空過者　遇《もうお》うて空《むな》しく過ぐる者なし、
能令速満足　能《よ》く速《すみ》やかに
功徳大宝海　功徳の大宝海を満足せしむ。

阿弥陀仏とは何かということをもっとも明快にいいあらわしている。親鸞はこの不虚作住持功徳の文に深い感銘を受けたようである。現存する真筆の名号本尊八幅のうち、三幅の賛銘にこの文を書き記している。また親鸞影像の「安城《あんじょうの》御影《ごえい》」にもこの文を賛銘として記している。

さらに、『入出二門偈頌文』には、

観彼如来本願力　かの如来の本願力を観ずるに、

凡愚遇無空過者　　凡愚遇うて空しく過ぐる者なし。
一心専念速満足　　一心に専念すれば速やかに、
真実功徳大宝海　　真実功徳の大宝海を満足せしむ。

と、この文のこころを展開し、あるいは『尊号真像銘文』や『一念多念文意』にもこの文を取り上げ、解釈している。

不虚作住持功徳は、龍樹が「易行品」で提起した「もし人疾《と》く不退転地に至らんと欲《おも》わば」という課題に応えたものといえる。阿弥陀仏の本願力を信じる易行道が大乗の仏道を成就する道であることを明言した文である。煩悩具足の凡夫に、仏に成る道を開いたのである。親鸞は、その真実の大乗の仏道を住持している如来の本願力を、「横超の大誓願」と述べている。

「広由本願力回向　為度群生彰一心」は、衆生の往生浄土の道は如来の本願力回向による一心の信心を因として開かれることを明らかにする。

往相・還相——二種回向

「正信偈」の天親章の後半は、改めて『浄土論』の要義を述べ、如来の本願力のはたらきを往相《おうそう》、還相《げんそう》の二種回向として示す。

帰入功徳大宝海　　功徳大宝海に帰入すれば、
必獲入大会衆数　　必ず大会衆《だいえしゅ》の数《かず》に入《い》ることを獲《う》。
得至蓮華蔵世界　　蓮華蔵《れんげぞう》世界に至ることを得れば、
即証真如法性身　　すなわち真如法性《しんにょほっしょう》の身を証せしむと。
遊煩悩林現神通　　煩悩の林に遊びて神通《じんずう》を現じ、
入生死園示応化　　生死《しょうじ》の園《その》に入りて応化《おうげ》を示す、といえり。

親鸞は、天親の『浄土論』を曇鸞の『浄土論註』を通して読んでいる。

天親菩薩のみことをも
鸞師《らんし》ときのべたまわずは
他力広大威徳の
心行《しんぎょう》いかでかさとらまし

（『高僧和讃』曇鸞讃）

『浄土論』の簡潔な信念の告白は『浄土論註』の綿密な註釈によってはじめて明らかになる。『浄土論』は大乗の菩薩道を説いたものである。それだけならば、往生浄土もすぐれた聖者《しょうじゃ》の道でしかない。曇鸞はその往生浄土の道が阿弥陀如来の本願他力によって支えられていることを見いだした。この曇鸞の視点から、凡夫が如来の本願を信じる一心の信心において菩薩の功徳を身に得ていくという、大乗の論書としての『浄土論』の真意が明らかになったのである。

第四章　曇鸞の仏教

一　仏法興隆の志

外道に迷う

親鸞は天親《てんじん》の「親」と共に曇鸞《どんらん》の「鸞」の字をそれぞれ一字ずつとってみずからの名とした。如来の本願に生きる決意を二人の名を名のることによってあらわしたものであろう。

真宗第三祖の曇鸞は中国の人である。龍樹、天親がインドの人で、その生涯も言い伝えの域を出ないのに対して、中国の曇鸞の生涯は比較的はっきりしている。

標準的な伝記としてもちいられている道宣《どうせん》（五九六～六六七）の『続高僧伝』によれば、曇鸞は中国の南北朝時代の北魏の承明《しようめい》元（四七六）年に生まれ、東魏の興和《こうわ》四（五四二）年に六十七歳で亡くなったと伝える。しかし、北斉のころまで存命していたという説もある。

曇鸞の生涯については、劇的な話が伝わっている。「正信偈」では、

三蔵流支授浄教　三蔵流支《さんぞうるし》、浄教を授けしかば、
焚焼仙経帰楽邦　仙経《せんぎょう》を焚焼《ぼんしょう》して楽邦に帰したまいき。

と述べられ、『高僧和讃』では、

本師曇鸞和尚《かしょう》は
菩提流支《ぼだいるし》のおしえにて
仙経ながくやきすてて
浄土にふかく帰せしめき

と述べられている物語である。

『続高僧伝』によれば、曇鸞は生涯に二度、大きな転機を経験している。一度目は外道《げどう》に迷った時であり、二度目は浄土に帰した時である。

曇鸞の出身地は雁門（現在の山西省）といわれる。中国仏教の中心地であった五台山の近くに生まれ、仏道をあゆんでいった人たちのすがたをしたって、曇鸞も少年の時に出家した。長ずるにおよんで、龍樹を祖とする縁起・空を説く中観《ちゆうがん》の教えを学んだようである。

ある時、『大集経《たいじつきよう》』の註釈書を作ろうと思いたち、その仕事にいそしんだが、途中で大病をわずらってしまった。療養に専念して、幸いに病気はなおったが、その時、曇鸞はしみじみと思った。今回はたまたま健康を回復したが、人間、病気になれば元も子もない。中国には古くから長生不死の神仙の法が伝わっている。まず、いつまでも健康で長生きのできる法を習得して、それから仏法のために『大集経』の註釈を再開すればいいだろう、と。

仏法興隆を志して経典の註釈という仕事をはじめたが、病気になっていのちのはかなさに直面した時、文字通りこころが外へずれたのである。曇鸞は外道《げどう》に迷った。

曇鸞は華北からはるばると江南の地まで旅をして、当時、道教の第一人者といわれた陶弘景《とうこうけい》（四五六～五三六）をたずねて、仙経十巻を授けられた。

意気揚々と都の洛陽に帰った曇鸞は、インドから中国に来ていた訳経僧（三蔵）の菩提流支と会った。ここで二度目の転機がおとずれる。その時のことを『続高僧伝』は次のように記す。

行きて洛下に至り、中国（インド）の三蔵菩提留（流）支に逢う。鸞往きて啓して曰く、「仏法の中、頗《すこぶる》長生不死の法にして、此の土《ど》の仙経に勝る者有りや」と。留支、地に唾して曰く、「是れ何たる言ぞや。相《あ》い比するに非ざるなり。此の方、何処《いずこ》にか長生の法有る。縦《たと》い長年を得て、少時死せざるも、終《つい》には更に三有《さんぬ》を輪回《りんね》せんのみ」と。即ち観経《かんぎょう》を以て之に授けて曰く、「此れ大仙の方なり、之に依りて修行せば、当《まさ》に生死を解脱《げだつ》するを得べし」と。

　　鸞尋《つ》いで頂受《ちようじゆ》し、齎《もた》らす所の仙方《せんぽう》は並びに火もて之を焚《や》く。

曇鸞は自分が外道に迷っているとは思ってもいなかっただろう。道教の長生不死の法を記した仙経を手に入れて、盤石《ばんじやく》の備えができたと安心していただろう。これで思う存分、仏教研究に専念できると、真面目な気持ちだっただろう。

　翻訳僧の三蔵として、当時の皇帝や貴族たちから絶大な信頼を得ていた菩提流支に出会って、曇鸞は自分の前途洋々とした仏教学者としての未来を語ってみたかったのだろうと思う。それもひとえに長生不死の法を手に入れたからの話である。その曇鸞の得意を菩提流支は一言のもとに否定した。

　地面に唾を吐くのは軽蔑のしぐさである。「君はさかんに長生不死の法を得たと吹聴しているが、そのようなものがどこにあるのか。もし君が手にしている仙経をそうだと言うのならば、それはとんでもない誤りだ。たとえその仙経によって、しばらくは死を遠ざけ、五十年のいのちが八十年に、また百年、二百年に延びたとしても、それは要するに迷いの人生が五十年から八十年、百年、二百年と延びたにすぎないではないか」と、菩提流支は厳しく叱責した。

これは仏教と道教を比べて、仏教のすぐれていることを擁護する護教発言をしているのではない。「ものが違う」のである。

仏教は「出離生死」の道である。いのちの質を問題にする。死すべきいのちを生きている現実から目をそらし、死を忘却の淵に沈めようとするような、暗い人間の情念から発するものは外道である。それがどんなに宗教的、文化的な、また科学的な装いをこらしているとしても外道である。仏教は生死するいのちをまっすぐに見つめる。その生死するいのちの事実の上に、真実のはたらき、真理の光を感知するかどうか。その一点において、生死をこえる仏教と生死に迷う外道がわかれる。

菩提流支は曇鸞の初心を問いただしたのである。「君は仏弟子、仏教徒として生きようと思いたったのだろう」と、曇鸞の仏法に志した初心を憶い起こさせたのである。少年曇鸞が、仏法に一生をささげていった人たちの遺跡を見て、自分もこの道をあゆもうと思いたった曇鸞のはじめの志を喚び起こしたのである。

回心——生死するいのちを生きる

この菩提流支の「目を覚ませ」という否定のことばによって曇鸞は回心《えしん》した。回心とは、何か新しい心境が開けることのように受けとられる傾向もあるが、それは一種の興奮状態でしかない。回心は本来に立ち帰ることである。いのちの本来性を見失えば、外道に転落する。生死するいのちとして与えられているいのちそのものの道理に目覚めるのが仏教である。

曇鸞は初心を回復した。与えられたいのちのままに、仏法の真実を証《あかし》する生涯を生きることを選んだ。仙経を焼き棄てたのはその決意のあらわれである。曇鸞は念仏の人となった。

菩提流支との出会いによる曇鸞の回心の物語はあまりにも有名であるが、

『続高僧伝』には、この「焚焼仙経帰楽邦」といわれるできごとが何であったのかを簡潔に述べる記事がある。曇鸞の臨終を述べるくだりである。むしろこの記述の方が重要であると思う。

魏の興和四年を以って、疾《しつ》に因《よ》って平遥《へいよう》の山寺《さんじ》に卒す。春秋六十有七。

魏の興和四年（五四二）に、老齢のためであろうか、曇鸞は病気になって、平遥（現在の山西省）の山寺で亡くなった。六十七歳であった、という淡々とした記述である。深い感動を覚える記事である。

曇鸞はかつて病気になった時、「命は惟《こ》れ危脆《きぜい》にして、其の常を定めず」と、生死するいのちのはかなさに愕然として、不老長寿の法を求めた。外道に迷ったのである。その曇鸞が念仏に帰して、年をとり、病気になって、そして一老人として死んだ。あれほど健康で長生きをすることを求めていた曇鸞が、平々凡々としたひとりの人間として生涯を終えていった。生死するいのちのままに、生かされ、そしていのちを終えた。

真宗には現世利益《げんぜりやく》がないといわれるが、そういうことはない。与えられたいのちを尊び、そのいのちを完結していく。苦労の多い人生であっても、それを自分の人生としてまっとうする。そのような真実の人生を見いだすこと以外に、どこに現世利益があろうか。仏教が説く最大の利益は真実に生きる道が見つかったということである。

曇鸞は外道に迷ったことを通して仏教に目覚めた。仏陀釈尊が八十年の生涯をもって示したように、曇鸞も六十七年の生死するいのちを完結していった。老い、病み、死すという、平凡であるけれども地に足のついた、人の一生を示して、それがそのまま真実に生きる道であることを教えた。曇鸞はみずからの生涯をもって、念仏往生の道の何であるかを教え示したといえる。

『浄土論』の註釈

曇鸞の主著は『浄土論註（以下、論註）』である。天親の『浄土論』を註釈したもので、正式には『無量寿経《むりょうじゅきょう》優婆提舎《うばだいしゃ》願生偈註《がんしょうげちゅう》』という。自序がないので、どういう事由からこの『論註』を書くことになったのかはわからない。曇鸞の浄土帰入の回心に深くかかわった菩提流支が天親の『浄土論』を訳出していることから、菩提流支が曇鸞に授けたのは『浄土論』であったのではないかという説もある。もしそうだとすれば、菩提流支から授かった『浄土論』に註釈を作るのも自然であろう。

ただ曇鸞の『論註』執筆の動機はもう少し深いところにあるのではなかろうか。曇鸞個人の動機というよりも、時代、社会を背景とした人間そのものの問題があったのではないかと思う。

曇鸞の関心がどこにあったのかをよくあらわしているのは『論註』の発端の文である。『続高僧伝』では、道綽の伝の中に誤って記されているが、浄土論両巻を著し、龍樹・天親を統談《とうだん》す。

と、『浄土論（註）』上下二巻を著して、龍樹と天親の教えを統合して明らかにしたと、曇鸞の功績をたたえている。龍樹は大乗仏教の基本である縁起・空の思想を説いた中観仏教の祖である。天親（世親）は大乗仏教のもう一つの流れである唯識思想を大成した人である。いわば龍樹と天親は大乗仏教の歴史に燦《さん》然《ぜん》と輝く二大巨星といえる。その龍樹の教えと天親の教えを統談するというのだから、『続高僧伝』の記述は、曇鸞の『浄土論註』に大乗の二つの主流が一つになって流れこんでいるという讃辞をささげていることになる。

『論註』の発端において曇鸞は、天親の『浄土論』の大綱を述べるにあたり、まず龍樹の提起した難行、易行の問題から筆を起こす。

謹《つつし》んで龍樹菩薩の『十住毘婆沙』を案ずるに、云わく、菩薩、阿毘跋致《あびばっち》（不退転）を求むるに、二種の道あり。一つには難行道《なんぎょうどう》、二つには易行道《いぎょうどう》なり。

難行、易行の決判《けつぱん》は浄土教の歴史を貫いて、いつも問題となる。

龍樹は、不退転地に至るまでの厖大な行の円備とそれに要する長大な時間を知って、難行の前で力及ばずとうなだれてしまう者のために「信方便の易行」を明らかにした。

時機の自覚――「五濁の世、無仏の時」

曇鸞はその龍樹の難易二行の決判にしたがいながら、新しい課題を見いだした。時機の自覚である。

難行道は、いわく五濁《ごじょく》の世、無仏《むぶつ》の時において、阿毘跋致《あびばっち》を求むるを難とす。

「五濁の世、無仏の時」という時代認識を示して、今は不退転に至る仏道を求めることそれ自体が困難であるという。龍樹は行体《ぎようたい》の難をあらわし、曇鸞は行縁《ぎようえん》の難をあらわしたと評される。「五濁」は、宇宙的規模で考えられた仏教の世界観の中で説かれた教えである。宇宙の生成、消滅という長い時の変遷を背景に、だんだんといのちの光を失っていく人間の現実を凝視した人間観でもある。劫《こう》濁、見《けん》濁、煩悩《ぼんのう》濁、衆生《しゆじよう》濁、命《みよう》濁の五つをいう。個人の善意や努力、智慧、才覚を押しつつんで、暴流のように壊滅に向かって流れていく時代社会。そういう圧倒的な時代社会の流れに身をさらしている人間のすがたをいいあてたものである。曇鸞は五濁の世に生きる人間の現実に焦点をあてた。

「無仏」は、釈尊滅後、まだ次の仏があらわれない空白状況をいう。仏がいないということは基準がないということである。だれもみながそれにしたがうべき基準の喪失した時代、それが無仏の時である。

釈尊は入滅に際して、「わたしによって説かれ、知らしめられた法と律とは、わたしの亡きあとはお前たちの師である」と、仏なきあとも真理の法とその法にしたがう生活実践のあることを教えている。

しかし、法はことばによって知られる。ことばは人によって語られる。人と人との関係は煩悩の関係である。人の好悪、善悪が語られたことばに影をおとす。自分の好む人のことばは素直に耳に入るが、何となく肌の合わない人のことばには反撥をおぼえる。いつ、どこで、だれが語ろうとも、基準であるはずの法の普遍性が見失われ、個別化されていく。

釈尊在世の時は、何か問題がおこれば、何か疑問が生ずれば、直接、釈尊に問いたずね、教えを聞くことができた。釈尊滅後も、しばらくの間は、わからないこと、とまどうことがあれば、長老たちに聞けばよかった。先師世尊はこのようにおっしゃったと問題解決の指針が明快に示されたであろう。釈尊の存在そのものが生きた基準であった。

ところが、時が移り、所が変わり、直接的な釈尊の記憶が薄らいでいくにともなって、いたずらに断片的なことばに固執したり、仏法の名のもとに自己主張をするようになる。煩悩の身である人間が介在し、その人間を通して法が伝達されるかぎり、まぬがれがたいことなのかもしれない。

「五濁の世、無仏の時」は現実を直視する眼である。曇鸞は釈尊入滅後、仏教教団がずっとかかえてきたアキレス腱である、もはや仏はいないという事実に素直に向き合った。釈尊が八十年の生涯を終えて亡くなった後の仏教の歴史は、その「無仏」という最大の弱点をいかにして克服するかという苦闘の歴史でもあったといえるだろう。もはや仏はいないという現実を克服し、しかもなお仏教であるために、仏が遺した教えのことばにしたがい、仏が語ろうとした意図をさぐって、無数の人々が懸命の修学をしてきた。それが仏教の歴史を形成し、仏教を隆盛に導いた。今は亡き仏をたずね求める哀切なこころの歴史である。それが人間のぎりぎりの誠実さといえよう。しかし、仏はいない。求めても求めても、どこにも仏はいない。

仏道の転換――「他力」

曇鸞は「無仏」という冷厳な現実に身を置いた。そこに仏教の全歴史を転換する単純な事実に気がついた。「五濁の世、無仏の時」にあっても、なお消えることのない志願がある。真実に生きようとするいのちの願いがある。仏道をあゆみたいという魂のさけびがある。この単純な事実に素直にしたがった時、新しい道が見えてきた。

釈尊入滅の後、ひたすら仏教の真髄を探求してきた先人の尊い足跡がある。しかしそれは結局、自分の外へ外へと仏の幻影を追い求めることではなかったのか。真面目な求道のすがたであるが、つまるところ、自分というものをまず立てて、その自分に相応する法を求めるという、あらかじめ無疑問的に立てた自分のために、外に権威を求めるものではなかったのか。たとえそれがどんなに真面目な求めであったとしても、はじめに前提としている自分は不可侵の領域の主として闇の中に後退していく。曇鸞はそうした屈折した自己主張に変質するものを「自力」と名づけた。

求道とは、自分が仏を求めることだと思ってきたが、実は仏が自分を求めていたのではなかったのか。そもそも釈尊が、苦悩する衆生のためにさとりの座から起ち上がって、実人生を生きる人々の生活のまっただ中に伝道のあゆみを進めたように、仏のさとりからたちあらわれた慈悲のこころが苦悩の衆生をあわれみ、法を説き聞かせようと、世間のただ中にあゆみ出し、寄りそってきた。それが仏教の興りである。

釈尊個人にとどまっていた仏所証《ぶつしよしよう》の法が、衆生の聞くことのできる教えとして仏所説《ぶつしよせつ》の法となって具体化した。仏教はそのはじめから衆生のための仏教だったのである。仏教は釈尊在世はもとより、仏滅後はいよいよ、「あなたはだれか、あなたはどこにいるのか」と、仏が現実の人間をたずね求めてきた歴史だったのである。

同じ仏教ということばを使うが、自分が仏を求める方向と、仏が自分を求める方向との意味の転換がおこった。仏のさとりから呼びかけられ、たずねられ、目覚めるように求められている。曇鸞はそういう仏道の転換の意味を「他力」と呼んだ。


難行道は、いわく五濁の世、無仏の時において、阿毘跋致（不退転）を求むるを難とす。

この難にいまし多くの途《みち》あり。粗五三《ほぼごさん》を言うて、もって義の意を示さん。

一つには、外道の相善《しょうぜん》は菩薩の法を乱る。

二つには、声聞《しょうもん》は自利にして大慈悲を障《さ》う。

三つには、無顧《むこ》の悪人、他の勝徳を破す。

四つには、顛倒《てんどう》の善果よく梵行《ぼんぎょう》を壊《え》す。

五つには、ただこれ自力にして他力の持《たも》つなし。

これ等のごときの事、目に触るるにみな是《これ》なり。たとえば陸路《ろくろ》の歩行《ぶぎょう》はすなわち苦しきがごとし。

曇鸞の全仏教史を総括することばである。「ただこれ自力にして他力の持つなし」と、仏道の歴史を転換することばによって、自己を中心とするのではなく、仏を中心とする新しい仏教史観が開かれた。

「易行道」は、いわく、ただ信仏の因縁をもって浄土に生まれんと願ず。仏願力に乗じて、すなわちかの清浄の土《ど》に往生を得しむ。仏力住持して、すなわち大乗正定《しょうじょう》の聚《じゅ》に入《い》る。正定はすなわちこれ阿毘跋致なり。たとえば、水路に船に乗じてすなわち楽しきがごとし。

人格としての釈尊はすでに亡くなったが、釈尊がそこに住し、そこから説法していた法の世界はいよいよはっきりとはたらき出している。曇鸞は、「わたしによって説かれ、知らしめられた法と律とは、わたしの亡きあとはお前たちの師である」と言い遺した釈尊のことばの真実性を確信した。衆生を大悲する阿弥陀如来の本願力を信受することにおいて、「五濁の世、無仏の時」にあって仏弟子であることの確信を得たといえよう。

菩提流支の教えによって仏教に回帰した曇鸞は、外道に迷っていた自分のすがたが自分個人のことだけでなく、釈尊亡き後の仏教教団すべての問題であったと思いいたったのであろう。末世《まっせ》の仏弟子の自覚を得た曇鸞は、「五濁の世、無仏の時」における唯一の生きた仏教である、如来の本願の仏法を明らかにする天親の『浄土論』を註釈する仕事に精魂をかたむけた。

二　『浄土論註』上巻

八つの問答

『浄土論註』は上下二巻から成り立っている。上巻は『浄土論』の「願生偈」を中心とした総説分の註釈であり、下巻は『浄土論』の長行《じょうごう》の解義分の註釈である。それぞれ、天親の一言一句にわたって綿密に解釈したものである。特に曇鸞が、他力本願のはたらきをあらわしていることばとして注目したのが、総説分「願生偈」のおわりの、

普共諸衆生　往生安楽国

普《あまね》くもろもろの衆生と共に、安楽国に往生せん。

という回向門《えこう》のことばと、『浄土論』全体を結ぶ、

自利利他して速やかに阿耨多羅三藐三菩提《あのくたらさんみやくさんぼだい》を成就したまえることを得たまえるがゆえに。

という解義分の利行《りぎょう》満足章のことばである。

『論註』は発端の辞において、「五濁の世、無仏の時」における唯一の仏道である他力の道を呈示し、上巻のおわりにその他力本願の対象を明示する。さらに下巻のおわりに他力本願が自利利他を円満する大乗菩薩道の成就であることを開示する。

おそらく「衆生」ということばに注意をはらったのは曇鸞がはじめではなかろうか。旧訳では「衆生」、新訳では「有情」のことばを仏教の経典、聖教類《しょうぎょう》に求めれば、厖大な数になるだろう。『大正新脩大蔵経』では一ページに約三回、このことばが出てくる勘定になる。それほどありふれたことばに、曇鸞は

目を止めた。

問うて曰わく。天親菩薩、回向の章の中に「普共諸衆生往生安楽国」とのたまえるは、これは何等の衆生を共にと指したまうや。

以下、八つの問答を設けて、如来の本願はだれのための本願かを論証していく。八番問答という。

第一の問答

第一問答は、凡夫の往生を明らかにする。天親が「普くもろもろの衆生と共に、安楽国に往生せん」と呼びかけている「衆生」は凡夫であるという。

まず『大無量寿経』下巻のはじめに述べられている第十七願、第十八願の本願成就文《じょうじゅもん》を引く。

仏《ぶつ》、阿難《あなん》に告げたまわく。十方恒河沙《じっぽうごうがしゃ》の諸仏如来、みな共に無量寿仏の威神《いじん》功徳不可思議なるを称嘆したまう。諸有《しょう》の衆生、それ名号を聞きて、信心歓喜《かんぎ》せんこと、乃至《ないし》一念せん、至心回向したまえり、かの国に生まれんと願ずれば、すなわち往生を得、不退転に住せんと。唯《ただ》五逆と誹謗正法《ひほうしょうぼう》を除く、と。

次に、『観無量寿経』の下品下生《げぼんげしょう》に説かれる五逆・十悪の者が往生する文《もん》を引く。

あるいは衆生ありて、不善業《ふぜんごう》たる五逆・十悪を作り、もろもろの不善を具せん。かくのごときの愚人、悪業《あくごう》をもってのゆえに、悪道に堕して多劫《たこう》を逕歴《きょうりやく》して、苦を受くること窮まりなし。かくのごときの愚人、命終《みょうじゅう》の時に臨みて、善知識《ぜんじしき》種種に安慰《あんに》して、ために妙法を説き、教えて念仏せしむるに遇わん。かの人、苦に逼《せ》められて念仏に遑《いとま》あらず。善友《ぜんぬ》告げて言わく。「汝、もし念ずるに能《あた》わずは、無量寿仏と称すべし」。かくのごとき心《しん》を至して、声をして絶えざらしめて、十念を具足して南無無量寿仏と称す。仏《ぶつ》の名を称するゆえに、念念の中《うち》において八十億劫の生死《しょうじ》の罪を除く。命終の後に金《こん》蓮華を見るに、日輪のごとくしてその人の前に住せん。一念の頃《あいだ》のごとくに、すなわち極楽世界に往生を得ん。

曇鸞は『大無量寿経』の本願成就文において往生すべき者として示された「諸有衆生」は、『観無量寿経』の下品下生において十声《じっしょう》の称仏によって往生すると説かれる「五逆・十悪の愚人」を指すと見た。

明らかに知んぬ。下品の凡夫、ただ正法を誹謗せざれば、信仏の因縁をして、みな往生を得しむ。

と、他力易行の念仏往生の道は凡夫のためのものであることを確認している。

第二の問答

第二問答は、往生の得、不得を明らかにする。『大無量寿経』にはあらゆる衆生の往生を誓っているが、「唯除五逆《ゆいじょごぎゃく》、誹謗正法《ひほうしょうぼう》」と、五逆の者と正法を誹謗する者は除くと述べられている。ところが『観無量寿経』には、『大経』で除かれた五逆・十悪の者の往生が説かれている。同じ如来の本願を明らかにする経なのに、一方は除くといい、もう一方は往生するという。どう了解すればいいか、という問題である。

一経（『大無量寿経』）には二種の重罪を具するをもってなり。一つには五逆、二つには誹謗正法なり。この二種の罪をもってのゆえに、このゆえに往生を得ず。

一経（『観無量寿経』）はただ、十悪・五逆の罪を作ると言うて、「正法を誹謗す」と言わず。正法を謗《ほう》せざるをもってのゆえに、このゆえに生《しょう》を得しむ、と。

『大経』の唯除の文《もん》には五逆と誹謗正法の二つの罪があげられており、『観経』は五逆の一罪のみをいう。往生の得、不得は「謗法《ほうぼう》」の罪の有無によって決まるという。

第三の問答

第三問答は、五逆と謗法の二つの罪についての摂取と不摂取の区別を明らかにする。もし謗法の罪を犯したとしても五逆の罪を犯していないならば、一罪のみだから往生できるのかという問いだが、これは仮りに設けた問いであろう。謗法は犯したがその他の罪は犯していない、だから浄土に往生できるのではないかというが、そのようなことは道理として成り立たない、という。

正法はすなわちこれ仏法なり。この愚痴の人、すでに誹謗を生ず。いずくんぞ仏土に願生するの理《ことわり》あらんや。たといただかの安楽に生まるることを貪《とん》して生《しょう》を願ぜんは、また水にあらざるの氷、煙なきの火を求めんがごとし、あに得《う》る理あらんや。

第四の問答

第四問答からは、謗法の罪の重さを明らかにする。仏法を謗る謗法のすがた《そし》を述べる。

問うて曰わく、何等の相かこれ誹謗正法なるや。

答えて曰わく、もし無仏・無仏法・無菩薩・無菩薩法と言わん、かくのごときらの見《けん》をもって、もしは心に自ら解《さと》り、もしは他に従いて、その心を受けて決定《けつじょう》するを、みな「誹謗正法」と名づく、と。

無仏・無仏法・無菩薩・無菩薩法の「見」とは邪見である。『論註』発端の辞の「五濁の世、無仏の時」の時機の自覚のことばとは位相がちがう。謗法は仏・法・僧の三宝《さんぽう》を撥無《はつむ》する外道だけのことではない。仏法のことを世間の雑談にしてしまうこともそうである。真実か虚偽かという生きることそのことの基準を喪失してしまえば、利害損得、好悪、快不快、力の強弱が人間を支配する。仏法もそうした自我関心の中でもてあそぶ。教えを聞き、教えにしたがって生きるなどとは考えたこともない。自分のことしかない。それは「もしは心に自ら解り、もしは他に従いて、その心を受けて決定する」という謗法のすがたによくあらわれている。自己主張と他へのへつらい、屈従は同根のすがたである。真実に生きる自己を失っているのである。

第五の問答

第五問答は、五逆と謗法の罪の軽重《きようじゆう》を明らかにする。五逆は、「殺父《せつぷ》、殺母《せつも》、殺阿羅漢《せつあらかん》、破和合僧《はわごうそう》、出仏身血《しゆつぶつしんけつ》」や十悪などの非道の行為をし、人間関係を破壊する重罪である。しかし謗法は自分のこころが仏法に無関心なだけで、具体的な被害を他におよぼすようなものではない。謗法の罪の重いことを強調するが、罪の軽重をいえば、むしろ五逆の方が重いのではないか、という疑問に答える。

もし諸仏菩薩、世間・出世間の善道を説きて、衆生を教化《きようけ》する者ましまさずは、あに仁・義・礼・智・信あることを知らんや。かくのごとき世間の一切善法みな断じ、出世間の一切賢聖《げんじよう》みな滅しなん。汝ただ五逆罪の重たることを知りて、五逆罪の正法なきより生ずることを知らず。このゆえに謗正法の人はその罪もっとも重なり、と。

五逆の罪は人としての道を踏み外す行為である。なぜ道を踏み外すのか。心神耗弱《こうじゃく》という場合もあるが、多くはわかっていて非道を行うのであろう。一時の激情にかられたといっても、それが人としてしてよいことか、してはならないことかは他からいわれるまでもなく自分が一番よく知っている。それにもかかわらず、一線を越えてしまうのは、どこかでむきだしの自分を優先してしまうのであろう。これしかないではないかという自己正当化の理屈であっても、みながそうしているからという他者依存の理屈であっても、自分の感情を優先することを選んでしまう。真実に生きることよりも目先の自分の思いを優先する。根底には深い自己軽蔑がある。謗法の罪の重さは自分が自分を軽蔑する罪の重さである。

第六の問答

第六問答は、念仏往生の法理を明らかにする。これは世間の一般常識との対決である。世間と出世間の区別を明らかにする。罪と罰の問題といえよう。罪は宗教的自覚の問題であり、罰は世間の秩序保持のための制裁である。

『観経』下品下生には、十声の称仏による悪人の往生を説く。

『観無量寿経』に言《のたま》うがごとし。「人ありて五逆・十悪を造り、もろもろの不善を具せらん。悪道に堕して多劫を径歴《きょうりゃく》して無量の苦を受くべし。命《みょう》終《じゅう》の時に臨みて、善知識教えて南無無量寿仏を称せしむるに遇わん。かくのごとき心《しん》を至して声をして絶えざらしめて、十念を具足すれば、すなわち安楽浄土に往生することを得て、すなわち大乗正定《だいじょうしょうじょう》の聚《じゅ》に入りて、畢《ひっ》竟《きょう》じて不退ならん、三途《さんず》のもろもろの苦と永く隔つ。」

こうした『観経』下品下生の説は、仏典のことばだから表だって反論はしないが、世間の多くの人は、心の中では、そんなばかなことが許されるものかと思っている。悪のかぎりを為してきた極悪非道の者が、臨終のまぎわにわずかばかりの念仏で浄土に往生するなどということは、あってはならないと憤激するだろう。もしこのような『観経』の説を認めてしまえば、営々と地道に苦労し、世知辛《せちがら》い娑婆《しやば》世間の中であちらこちらに気をつかいながら、何とか一生を無事に送ってきた者をあざ笑うような僻説《へきせつ》と感じるだろう。

曇鸞は世間の人々の素朴な感情を代弁して言う。

曠劫《こうごう》より已来《このかた》備《つぶさ》にもろもろの行を造れる、有漏《うろ》の法は三界《さんがい》に繫属《けぞく》せり。ただ十念をもって阿弥陀仏を念じてすなわち三界を出でば、繫業《けごう》の義、また云何《いかん》がせんとするや。

業はそのむくいを受けなければならない。煩悩悪業のむくいは三界の迷いの世界につなぎとめられ、生々流転を重ねるだろう。それにもかかわらず、わずか十念ほど阿弥陀仏を念じたからといって、迷いの世界から離れるなどということを認めれば、「業道《ごうどう》は称《はかり》のごとし、重き者先《ま》ず牽《ひ》く」という仏法の道理にも背くことになる。

真面目に人生の苦労をしてきた人たちの気持ちである。しかしそこに自力の闇がある。善《よ》し悪《あ》しへの関心は人一倍強いが、真実か虚偽かという真偽の関心は闇の中に葬り去られている。

「我に義あり」とする独断的な自己信頼が、他の悪を激しく責め立て、自分の善であることをたのみとする。もし自分に悪のこころがおこれば、他の悪を憎み裁いていた刃が自分自身に向けられるのだから、とうてい認められない。あらゆる手段を駆使して自己正当化をはからなければならない。正義を言いつのるこころは、自分が正義に服することのできないこころである。

真偽関心は事実を明らかにする。たとえ善であれ、悪であれ、それが自分の身の上におこったことであるならば、そのわが身の事実にしたがうこころである。事実にしたがうこころのみが悪を悪と知ることができる。悪業煩悩を犯した自分を罪の身と思い知る。罰を加えることによって成り立つ世間の善悪と、罪を自覚する仏法の善悪とは、真実か虚偽かの根本基準が立つか否かによって区別される。
曇鸞は真偽による仏法の道理を述べる。

五逆・十悪・繫業等を重《じゅう》とし、（観経）下下品《げげぼん》の人の十念をもって軽《きょう》として、罪のために牽《ひ》かれて先ず地獄に堕して、三界に繫在《けざい》すべしと謂《い》わば、今当《まさ》に義をもって、軽重《きょうじゅう》の義を校量《きょうりょう》すべし。心に在《あ》り、縁に在り、決定《けつじょう》に在り、時節の久近《くごん》・多少に在るにはあらざるなり。

念仏の法理を明らかにする三在釈《さんざいしゃく》である。人間の存在の重さを宣言した浄土教史上の金字塔といえる。

三在釈

第一は在心釈《ざいしんじゃく》である。

いかんが心に在る、と。かの罪を造る人は、自らが虚妄顛倒《こもうてんどう》の見《けん》に依止《えじ》して生ず。この十念は、善知識《ぜんじしき》、方便安慰《あんに》して実相の法を聞かしむるに依って生ず。一は実、一は虚《こ》なり、あに相比《あいたくら》ぶることを得んや。たとえば千歳《せんざい》の闇室《あんしつ》に、光もしばらく至ればすなわち明朗《みようろう》なるがごとし。闇《やみ》あに室《しつ》にあること千歳にして去らじと言うことを得んや。これを「在心」と名づく。

真実と虚偽を並列することはできない。どれほどの巨悪であっても、ひとつの真実の前では力を失う。現代の不幸はこの単純な道理を認めないことにあるのかもしれない。しかし悪の快感は、生きることの意味を見失った存在の痙攣《けいれん》といえよう。十悪・五逆の悪業は虚偽からおこる。念仏は如来の真実に根拠をもつ。「一実一虚《いちじつひとつこ》」である。安田理深《やすだりじん》師（一九〇〇～一九八二）は「ものがちがう」と表現した。また「千歳の闇室」のたとえを「マッチ一本」と言いあらわした。千年、万年の闇であっても、マッチ一本で闇は去る。あてもなく悪業を重ねてさまよってきたからこそ、一念の智慧の光に感動する。それがいのちの道理である。

第二は在縁釈《ざいえんじやく》である。

いかんが縁に在る、と。かの罪を造る人は、自らが妄想《もうぞう》の心に依止し、煩悩虚妄の果報の衆生に依って生ず。この十念は、無上の信心に依止し、阿弥陀如来の方便荘厳・真実清浄・無量功徳の名号に依って生ず。（略）これを「在縁」と名づく。

縁は環境であろう。妄想の心は煩悩の環境を作る。無上の信心は如来の本願真実を環境とする。煩悩は思いの中でしか存在できない。妄念妄想をかきたてることによって自己主張する。本願は増上縁《ぞうじょうえん》である。「起法《きほう》の功《こう》強し」といわれる。強縁《ごうえん》である。実体のない思いを破る。凍《い》てつく夜に地表を覆いつくしていた霜も、朝日が昇ればとけて、来たるべき春の芽吹きをまつ草木の根を養う水となる。念仏としてあらわれる名号の真実は、無始曠劫の煩悩悪業を転じて浄土の功徳とする。十悪・五逆の罪の自覚が浄土に往生するという新しい生への意欲となる。

第三は在決定釈《ざいけつじょうじゃく》である。

いかんが決定に在ると。かの罪を造る人は、有後心《うごしん》・有間心《うけんしん》に依止して生ず。この十念は、無後心《むごしん》・無間心《むけんしん》に依止して生ず。これを「決定《けつじょう》」と名づく。

仏道をさまたげるものは疑いである。猶予心が自分を思いの中に閉じこもらせる。素直に事実にしたがうことができない。何を聞いても、見ても、「けれども」が付く。真理のことば、事実のもつ力に一応感動もし、こころが動きかけるにもかかわらず、結局自分の思いの中に退却する。自分が否定されるのがこわいからである。真実の前に素直に「これが私です」と進み出ない。自力のこころは人間を人生の傍観者にさせる。造罪は有後心・有間心から起こるという。真理と事実よりも自分の思いの方を取るからであろう。十念は無後心・無間心の身と一つになった本当のこころ、最後心である。善し悪しの分別思量をひるがえしすてる如来の智慧が十念の念仏となってあらわれる。だからどのようなことであっても、事実にしたがって「決定」することができる。

以上の三在釈は、念仏の法理を示して、十悪・五逆の悪人をすくう如来の大悲を明らかにするものである。

第七の問答

第七問答は、十念相続を明らかにする。「念」というこころのはたらきは時間の長さで計るものではない。阿弥陀仏を憶念し、阿弥陀仏の名号を称することにこころが集中し継続することを、『観経』の下品下生では「十念を具足する」と表現したのである。

第八の問答

第八問答は、業事成弁《ごうじじょうべん》を明らかにする。「十念を具足する」と説かれる念仏は、阿弥陀仏が十悪・五逆の者をすくうために与えた本願真実の行であるから、凡夫が念仏についてあれこれと詮索してはいけない。念仏はそれ自体で衆生往生の行として確定している。『観経』に「十念」と説かれているからといって、それは満数をあらわしたものであって、数の多少ではない。「一念」では少ないとか「多念」なら大丈夫だとかというのは、念仏の私有化である。

曇鸞は念仏が如来の本願の行であることをあらわすために、

蟪蛄《けいこ》春秋《しゅんじゅう》を識《し》らず、伊虫《いちゅう》あに朱陽《しゅよう》の節《せつ》を知らんや

という中国の古典のことばを援用している。夏に生まれ夏に死ぬつくつくぼうしは、春と秋を知らないから今が夏であることも知らない。そのように、仏の

さとりに通じた者のみが念仏のことわりをよく知ることができるのであって、凡夫は素直なこころで念仏を信じ、憶念称名するのみである。もし念仏の数を知らなければならない事情があるときは、必ず師匠から直接教えをうけなければならないと注意している。

以上が『論註』上巻のおわりに述べられている八番問答である。天親が「普《あまね》くもろもろの衆生と共に、安楽国に往生せん」と呼びかけている「衆生」は、この世を生きる中で悪を重ね、五逆の罪を犯してきた者である。そのみずからの罪の重さにうなだれている「一生造悪の衆生」を大悲して、如来は本願の念仏を与え、真実に生きる道のあることを教える。如来の本願はだれのための本願なのかを「願生偈」の回向門のことばに読みとったのが八番問答である。

三　『浄土論註』下巻

自利利他円満

『論註』の下巻は凡夫が大乗の菩薩として自己成就していく衆生の往生の道を明らかにしている。その往生浄土の道は阿弥陀如来の本願力に支持されている他力の仏道である。

自利利他の菩薩行が円満具足して、仏のさとりである無上菩提心を成就する、と天親の『浄土論』は結論する。

菩薩、かくのごとく五念門の行を修して、自利利他して速《すみ》やかに阿耨多羅三藐三菩提を成就したまえることを得たまえるがゆえに。

「阿耨多羅三藐三菩提」はインドのことばで、仏の無上のさとりを意味する。『浄土論』は往生浄土が念仏成仏の道であることをはっきりと示している。

曇鸞は天親が「速《すみ》やかに」という「速」の一字に注目した。龍樹が『十住毘婆沙論』易行品で提起した問題がここで解決されていると確信したのである。龍樹は仏道の出発点である不退転地に「疾《と》く」至るために、「信方便の易行」としての称名念仏の道を説いた。すぐれた能力やあらゆる困難に耐える強い意志力を条件としない。人間の現実の生活のただ中に開かれる仏道は「速疾《そくしつ》」でなければならない。「いま、ここの、この私」に可能な仏道が易行の念仏である。

曇鸞は天親の「自利利他、速得成就阿耨多羅三藐三菩提故」のことばに、龍樹の説いた「信方便の易行」の念仏の仏道が、まさに「いま、ここの、この私」において自利利他円満する大乗の仏道として成就していることを確信した。その根拠を曇鸞は如来の本願力として解明する。

　　　　　　　　　　　　　　　　　
  　寔《まこと》にその本を求むれば、阿弥陀如来を増上縁《ぞうじょうえん》とするなり。

仏道を成就する者を菩薩という。それまでの仏道理解ではあまりにも当たり前すぎて、ほとんど真っ正面から取りあげられることのなかった問題であったろう。議論は菩薩からはじまっていた。しかし凡夫が菩薩となる道はいかにして可能なのか。「五濁の世、無仏の時」に目覚めた曇鸞にとって、この仏道のはじめの一歩がいかにしてはじまるかが最大問題であったはずである。「五濁の世、無仏の時」に生きる凡夫にとって菩薩の道は、空想はしてみても現実にはない道である。それにもかかわらず天親は、念仏の道は自利利他して速やかに仏に成る大乗菩薩道であると明言する。なぜそういうことがいえるのか。曇鸞はそこに阿弥陀如来の本願力を見いだした。

その凡夫に「増上縁」として強くはたらく如来の本願力を解明するために曇鸞は、『浄土論』に述べられる「自利利他」ということばに注目する。

他利と利他と、談ずるに左右《さう》あり。もしおのずから仏をして言わば、宜《よろ》しく利他と言うべし。おのずから衆生をして言わば、宜しく他利と言うべし。いま将《まさ》に仏力《ぶつりき》を談ぜんとす、このゆえに利他をもってこれを言う。当《まさ》に知るべし、この意なり。

「自利利他」は大乗の菩薩行をあらわすことばとして広くもちいられている。菩薩は上《かみ》に向かって高くみずからのさとりを求め、下《しも》にあって広く一切の衆生と共にすくわれる道を求める。「自利」は上求菩提《じようぐぼだい》の菩薩の願いを、「利他」は下化《げけ》衆生の菩薩の誓いをあらわす。「利他」を「他利」とも表現する。「自利」ということばにならべるならば、「他利」と表現した方が対照性がよいといえる。

しかし曇鸞は、他利と利他は仏道における衆生利益《りやく》の異名であるが、その衆生利益が阿弥陀如来の本願力によることを表現する場合は、「利」を他動詞としてつかう「利他」という強い能動性をあらわすことばがふさわしいとする。

曇鸞は「自利」と「利他」との関係について、

自利に由《よ》るがゆえにすなわちよく利他す。これ自利にあたわずしてよく利他するにはあらざるなり。

利他に由るがゆえにすなわちよく自利す。これ利他にあたわずしてよく自利するにはあらざるなり。

と、自利と利他にそれぞれ「能《よく》」という副詞をつけて、強い能動性をあらわしている。

親鸞は、如来の本願力を増上縁として凡夫に生まれる「自利利他」の願いを法蔵菩薩の願心と受けとった。阿弥陀如来は因位の法蔵菩薩となって、五濁の凡愚《ぼんぐ》をあわれみ、たすける摂取不捨の衆生愛を成就するのである。凡夫に菩薩の自覚を与える本願力のはたらきを明らかにしたのが曇鸞の「他利利他」の解釈である。親鸞が『教行信証』証巻《しょうのまき》の総結《そうけつ》において、宗師《しゅうし》（曇鸞）は大悲往還《おうげん》の回向を顕示《けんじ》して、ねんごろに他利利他の深義《じんぎ》を弘宣《ぐせん》したまえり。

と、満腔の謝意を表する曇鸞の功績である。親鸞の仏教の核心である「如来回向」の法がここに見いだされた。

如来回向

その如来回向の世界への目覚めが往生浄土の道である。それは、一つには、如来の本願力にはたらきかけられて阿弥陀の浄土へ往生する往相である。二つには、如来の本願力にしたがって自由無碍にこの現実のただ中で浄土の真実を証《あかし》する還相である。如来回向はそのように、往相・還相の二種回向として実働する真の意味での大乗の仏道である。曇鸞はそうした本願力回向の道理を本願自体の中に確かめている。

およそこれ、かの浄土に生まるると、およびかの菩薩・人《にん》・天の所起の諸行は、みな阿弥陀如来の本願力に縁《よ》るがゆえに。何をもってこれを言わば、もし仏力《ぶつりき》にあらずは、四十八《しじゅうはち》願すなわちこれ徒《いたず》らに設《もう》けたまえらん。いま的《ひと》しく三願を取りて、もって義の意を証せん。

以下、真実の信をあらわす第十八願、真実の証をあらわす第十一願、還相回向をあらわす第二十二願の三文《もん》を引いて、本願力《ほんがんりき》回向の証明としている。「三《さん》願的証《がんてきしょう》」と称され、親鸞の教えの骨格はここから形成された。

真実の教は『大無量寿経』である。真実の行は他力の念仏をあらわす第十七願である。真実の信は第十八願。真実の証は第十一願。そして還相回向を示すのは第二十二願である。本願力回向の世界、すなわち往相回向の教行信証の四つの法とまた還相回向からなる「二回向四法《しほう》の法門」が『論註』の下巻の最後のことばを基礎として明らかにされた。

「正信偈」曇鸞章

「正信偈」の曇鸞章は、曇鸞の浄土門に帰した伝記と、『論註』の要義を述べる。

まず、曇鸞没後、およそ百年ほどたった唐の時代の道宣の『続高僧伝』と、同時代の迦才《かざい》（生没年不詳）の『浄土論』に記されている曇鸞の伝記によって、その徳を讃嘆している。

本師曇鸞梁天子　本師《ほんじ》、曇鸞は、梁《りよう》の天子
常向鸞処菩薩礼　常に鸞のところに向こうて菩薩と礼《らい》したてまつる。
三蔵流支授浄教　三蔵流支、浄教を授けしかば、
焚焼仙経帰楽邦　仙経を焚焼《ぼんしよう》して楽邦に帰したまいき。

「本師曇鸞」の「本師」は、根本の師ということで、もとは釈尊を指した。や

がて一宗の祖師を尊称していうようになった。親鸞にとって曇鸞が明らかにした如来の本願力、他力回向の世界は浄土真宗の基礎を開く無上の恩徳であったのであろう。

次に、曇鸞が天親の『浄土論』を註解して『浄土論註』を著したことを述べ、その『論註』の大義と要義を述べる。

天親菩薩論註解　　天親菩薩の『論』、註解《ちゅうげ》して、
報土因果顕誓願　　報土の因果、誓願に顕す。
往還回向由他力　　往《おう》・還《げん》の回向は他力に由る。
正定之因唯信心　　正定《しょうじょう》の因はただ信心なり。
惑染凡夫信心発　　惑染《わくぜん》の凡夫、信心発《ほっ》すれば、
証知生死即涅槃　　生死《しょうじ》即涅槃なりと証知せしむ。
必至無量光明土　　必ず無量光明土に至れば、
諸有衆生皆普化　　諸有《しょう》の衆生、みなあまねく化《け》すといえり。

「報土」は、仏が因位の菩薩として願をおこし、その願が浄土の荘厳となって成就されることから、「本願酬報の国土」である阿弥陀仏の浄土をいう。「報土因果顕誓願」は、その報土について二つの意義を述べているといわれる。

一つは仏についてである。阿弥陀仏の浄土はその因も果もみな誓願のあらわれであることをいう。阿弥陀仏が因位の法蔵菩薩の時、四十八願をおこし、みずからは仏となり、浄土を建立し、衆生をたすけようと誓った。その本願がことごとく成就して、国土・仏・菩薩の二十九種の果成のさとりの世界となってあらわれていることをいう。

二つは衆生についてである。衆生が阿弥陀仏の浄土に往生する因の五念門（礼拝・讃嘆・作願・観察・回向）も、往生の果の五功徳門（近門《ごんもん》・大会衆門《だいえしゆもん》・宅門《たくもん》・屋門《おくもん》・園林遊戯地門《おんりんゆげじもん》）も、みな阿弥陀仏の本願に誓われた内容であることをいう。

如来回向の仏道

『論註』の最後に阿弥陀如来の本願力が明らかにされるに至って、親鸞は曇鸞の提示した往相回向、還相回向の二種回向の主体は阿弥陀如来であることを確信した。天親が『浄土論』に「本願力の回向」ということばを記したのは菩薩行について述べたものであるが、曇鸞は明確にその根底に「阿弥陀如来の本願力」が増上縁としてはたらいていることを示した。

その天親、曇鸞の伝統を受けて親鸞は、

如来の作願《さがん》をたずぬれば
苦悩の有情《うじょう》をすてずして
回向を首《しゅ》としたまいて
大悲心をば成就せり

（『正像末和讃』）

と、「如来回向」の真宗の世界を開顕したのである。「親鸞」の名は如来の本願・他力の回向をあらわす名といえよう。

回向の教学

「正信偈」は、本願の仏道、願力回向の仏道の『論註』の大義を述べたあと、あらためて『論註』の要点を押さえていく。

「正定之因唯信心」は、浄土に往生し、仏のさとりを開く身となる因はただ「信仏の因縁」にあるという。

「惑染凡夫信心発　証知生死即涅槃」は、煩悩具足の凡夫にひとたび阿弥陀如来の大悲のこころから真実信心が回向されるならば、往相回向の果として浄土に往生し、生死即涅槃の真の涅槃のさとりを得ることになるという。

「必至無量光明土　諸有衆生皆普化」は、還相回向の利益を述べる。光の如来である阿弥陀仏の浄土はまた光の国土である。光は智慧をあらわすから、光の浄土に生まれた者は、そこにとどまらず、必ず還相の菩薩となって衆生のためにその智慧の輝きを教え示す。三界をさまよっている苦悩の衆生に念仏の信心を喚び起こす。こうして仏法が人から人へと伝達されていく原理としての本願の浄土を讃嘆して曇鸞章は結ばれている。

親鸞は『教行信証』の教巻《きょうのまき》の冒頭に、

謹《つつし》んで浄土真宗を案ずるに、二種の回向あり。一つには往相、二つには還相なり。往相の回向について、真実の教行信証あり。

と、真宗の大綱を示している。かつて曾我量深《そがりょうじん》師（一八七五〜一九七一）は「選《せん》択《じゃく》の教学と回向《えこう》の教学」ということを語った。法然は「選択本願の念仏」が仏教であることを明らかにした。親鸞は師の法然の教えを受けて、その本願念仏の道が「如来回向」の仏道であることを『論』・『論註』に突きとめたといえよう。

第五章　道綽の仏教

一　末法の時機の自覚

時代の嵐

真宗第四祖の道綽《どうしゃく》（五六二〜六四五）は曇鸞の弟子である。ただし、曇鸞に直接師事したのではない。道綽は曇鸞が亡くなってから二十年後の生まれだから、生前の曇鸞には会っていない。道綽は少年期に出家して、青年期、壮年期とみずからの生涯をかけた求道の果てに、たまたま玄中寺《げんちゅうじ》で曇鸞の事績を記した石碑を見て浄土に帰したと伝える。自分の求めていた道がここにあったと確信したのである。

真宗七祖の中で道綽ほど数奇な人生をたどった人はいないであろう。道宣《どうせん》の『続高僧伝』によれば、道綽は南北朝の末期、北斉の河清《かせい》元年に幷州《へいしゅう》（現在の山西省太原《たいげん》）の汶水《ぶんすい》に生まれ、十四歳の時に出家した。野上俊静《のがみしゅんじょう》博士（一九〇七～一九九四）は道綽の出家について、当時華北をおそった度重なる飢饉や隣国北周の侵攻などで、子どもの生命の安全を守るただ一つの方法が出家して寺院に入ることではなかったかと推察している。少年親鸞が源平の争乱の中、九歳で出家得度したすがたと重なる。ただし道綽は十四歳だから、すでに思春期に入っていたと思われる。周囲のやむを得ない事情で出家したとはいえ、自分が何をしようとしているのかは十分わかっていたと思う。

仏門に入る。仏陀釈尊の弟子になる。この十四歳の少年のうちにきざした決意が道綽の生涯の原点となる。

道綽の出家する前年、北周の武帝が廃仏を断行した。武帝は五七七年に北斉をほろぼし、その地にも廃仏令を徹底した。少年道綽は出家して一年あまりで強制的に還俗させられたと思われる。出家した時はけっして本意ではなかったかもしれないが、年少多感な時に、この道をあゆもうと思いたった志は、瞬時に足を払われたのである。

少年道綽をおそった時代の嵐は、少年の眼に人間のあらゆるすがたを見せつけ、少年のこころに、生きるためにはどんなことをもしかねない人間の業を刻みこみ、道綽の人間観、人生観に深い影響をおよぼしたと思う。のちに道綽の思想の根幹となる「末法《まつぽう》の時機の自覚」は、この少年時の経験に根ざしているのではなかろうか。

当今は末法にして、現にこれ五濁悪世《ごじよくあくせ》なり。ただ浄土の一門ありて通入《つうにゆう》すべき路《みち》なり、と。(中略)もし起悪造罪を論ぜば、なんぞ暴風駛《し》雨に異ならん。ここをもって諸仏の大慈《だいじ》、浄土に勧帰《かんき》せしめたまう。たとい一形《いちぎよう》悪を造れども、ただよく意《こころ》を繋《か》けて、専精《せんしよう》に常によく念仏すれば、一切の諸障《しよしよう》自然《じねん》に消除して定《さだ》んで往生を得ん。(『安楽集』)

たんなる個人ではない。時代がすくわれなければならない。好むと好まざるとにかかわらず、滔々《とうとう》とあらゆるものを押し流していく濁流のような時代社会の中に生をうける人間そのものがすくわれなければならない。道綽はすでに少年期に「衆生と共に」という浄土門仏教の基本視座を、廃仏の嵐によって与えられていたといえるだろう。

『涅槃経』への没入

北周の武帝が没し、ついで五八一年に建国された隋の楊堅《ようけん》（文帝）は、廃仏を取りやめ仏教の復興につとめた。おそらく道綽もこの時の仏教復興の詔によって仏門に復したと思われる。二十歳の再出家である。この時は、十四歳の時とは異なって、明確な自発性があったであろう。廃仏の試練をくぐりぬけた仏子《ぶつし》の自覚である。

道綽は思わぬかたちでふたたび開かれた仏法の道に邁進《まいしん》した。『続高僧伝』には、

大涅槃部は、偏《ひとえ》に弘伝《ぐでん》する所にして、講ずること二十四《にじゅうし》遍なり。

と記している。道綽が精魂をかたむけて学んだのは『涅槃経』であったようである。『涅槃経』は、仏陀釈尊の最後の説法であり、仏教の総括といえる。「一切衆生悉有仏性《しつうぶつしょう》」を説く。どのようなものにも仏のさとりを開くべき「仏性」があるという。この『涅槃経』の旗じるしは、戦火の混乱のもとで少年から青年へと成長してきた道綽にとって、平和を象徴する輝きをもっていたのかもしれない。『涅槃経』は大部の経典である。それを二十四回も講経するほどになったというのだから、道綽の仏教研鑽《けんさん》の必死さがわかる。懸命の修学によって少壮の仏教学者になったのである。

解学の道から行学の道へ

ところが道綽は三十歳をすぎたころ、慧瓚禅師《えさんぜんじ》（五三六～六〇七）が主導する教団に身を投じる。慧瓚は、受具已後、偏業毘尼。〔出家の威儀である具足戒《ぐそくかい》を受けてから以後、ひとえに毘尼《びに》（戒律）をたもつことを業とした。〕（『続高僧伝』）

と伝えられるように、厳格な戒律を保持することを主唱した。もともと北周の武帝の廃仏は、仏教の隆盛とともに仏教教団の世俗化が進行し、出家の精神を忘れて教団秩序が紊乱《びんらん》していたことに原因があった。そのことに業を煮やした武帝が、おのれの理想とする仏教国家を作ろうと計って、形骸化した仏教教団を一掃するという面があった。

武帝の死去によって廃仏は緩和され、隋の建国によって仏教は復興したが、真面目に道を求めている人たちは仏教教団が本来のすがたに立ち帰ることを望んだのである。慧瓚教団の厳格な戒律の実践はこころある人たちに尊敬の念をもって迎えいれられていた。人々の布施に身をまかせ、最少限度の衣食住によって身を保つことを頭陀行《ずだぎょう》という。その仏陀釈尊から伝統されている、仏弟子の生活規範である頭陀行を行ずる慧瓚教団に涅槃学者道綽は入門した。解学《げがく》の道から行学《ぎょうがく》の道へと転じたのである。

想像してみるしかないのだが、慧瓚教団に身を置いた道綽の内面は安らいだものだったと思う。三衣一鉢《さんねいっぱつ》と坐具および水漉《みずこし》の袋の六物《ろくもつ》という最少限度の身の回りの品をもって、山林に、墓所に、路地に住まいし、人々の布施に自分のいのちをまかせる生活は厳しいものであったが、そうして仏弟子としての威儀をととのえ、しずかに禅観を修する一日一日は、たしかに仏陀釈尊に通じる道をあゆんでいる実感があったと思う。

しかしやがて、僧俗からあつい尊敬をうけていた慧瓚は、隋の大業《たいぎょう》三(六〇七)年に長安で七十二年の厳格な持戒の生涯を終えた。時に道綽は四十六歳だった。遠く離れた幷州で師の示寂《じじゃく》の知らせをうけた道綽の気持ちはどうであったろうか。

道をたずねて

『続高僧伝』には、慧瓚の人がらの高潔であったことを述べ、道綽がそれにしたがって修行したことを記すのみである。そのあとの記事は浄土の教えに帰した記事につづく。浄土帰入は、迦才《かざい》の『浄土論』によれば、それは道綽四十八歳の大業五（六〇九）年のことであったという。師の慧瓚の死去から浄土の念仏者になるまでの二年間、道綽は何を思っていたのだろうか。

師の慧瓚の示寂はその確かと思われた仏道がいきなり闇に閉ざされるできごとでなかったろうか。師がいるかぎり、たとえ修道の過程においてまよいが生じても、師のすがたを念じれば、そのまよいの霧ははれる。この道を踏みおこなっていけば、まちがいはない。すでにこの道の先をあゆんでいる師のすがたを手本とすればよい。

ところが、その道を照らすともしびともたのむべき師の慧瓚のすがたが突然消えた。あとは手探りで、自分のあゆむべき道を一歩一歩確かめなければならない。すでに身は不惑を過ぎ、当時とすれば老境にさしかかっている。もはやあともどりはできない。師の教えを聞くことのできない絶対の孤独の中で、自分の行く道を決めなければならない。生きた釈尊に直参したいと、壮年の活力をそそぎこんできた道綽の行の学びに重大な危機がおとずれたのではないかと思う。

伝記には何も記されていない空白の二年間こそ、道綽にとっての真の懸命の修学の時だったのだろう。師の慧瓚の死によって自分のあゆんでいる道を照らしだしていたともしびが消えてしまった。このまま過去の経験だけにすがり、仏法者のふりをしていくならば自分が腐ってしまう。みずからの行くべき道をたずねて必死に学ぶ、齢四十の半ばも過ぎた道綽のすがたを思う。

聖道門との訣別

道綽は汶水《ぶんすい》県石壁（現在の山西省交城県）の玄中寺において、曇鸞の事績を刻んだ石碑を見て浄土の教えに帰したという。道宣の『続高僧伝』や迦才の『浄土論』には、そういう記述はない。ただし『続高僧伝』には、道綽が曇鸞のあとをつぐために石壁玄中寺に入ったことをのべて、わざわざ「中に鸞の碑あり。つぶさに嘉瑞《かずい》を陳《の》ぶ。事、別伝のごとし」と曇鸞の石碑のことにふれている。当時、玄中寺の曇鸞石碑のことは相当知られていたのだろう。

道綽は曇鸞が亡くなって二十年後の生まれであるが、郷里に近い石壁玄中寺にいた曇鸞のことは十分承知していたと思われる。のちの『伝記』や『往生伝』で、道綽の浄土帰入に劇的な効果をもたせるために、曇鸞石碑の話を挿入したのかもしれない。道綽の玄中寺における曇鸞碑文との出会いが浄土の教えに帰す転機になったかどうかはわからないが、浄土の教えに帰すということは、これまでの道がゆきづまったから別の道をあゆむということではない。仏道をあゆむ者としての立場の転換がある。回心《えしん》の問題である。そういうことを表現するために玄中寺における曇鸞石碑との出会いの伝説が語られるようになったのかもしれない。

道綽が明らかにした聖道門《しょうどう》と浄土門の二門の決判《けっぱん》は、仏道の歴史を逆転するほどの決定的なことであった。自分の向こう側に聖道と浄土の二つの道が並列的にあるということではない。自分の足もとにある道は何かという主体の問題である。四十八歳になっていた道綽にとって、人生全体を総括する問題だったはずである。道綽は真面目に仏道をあゆんできた自分の足跡に決定的に欠けていた問題に逢着したのだと思う。それは民衆の問題である。

解学にしろ、行学にしろ、その仏道を支えている民衆のすがたを見失うならば、たんなる個人の心情に矮小化《わいしょう》されてしまう。時代の荒波に翻弄《ほんろう》される人々の生きる希望のともしびとなってこそ生きた仏教である。かつて少年の日に家族とわかれて小僧となった道綽自身が民衆のひとりだった。戦禍に見舞われ、生活に疲れた人々の願いを背にうけて青年道綽は、民衆の中から送り出されて再出家した。四十八歳の道綽の浄土門帰入は初心の回復だったと思う。

曇鸞の教えにみちびかれて浄土門に帰した道綽は、以後、八十四歳で亡くなるまで「末法に生きる人々」に目をそそいだ。道綽において民衆との再会は

「時機の自覚」として表現された。民衆に回帰した道綽は、ゆるぎのない確信をもって浄土門仏教の旗を高くかかげた。

二　『安楽集』

「一升の熱湯」のたとえ

道綽の著作の『安楽集』には、「一升の熱湯」と「一科《いっか》の栴檀《せんだん》」のたとえで、時機の自覚を示している。

一升の熱湯のたとえは末法の時のすがたをあらわす。

問うて曰わく。あるいは人ありていわく、穢国《えこく》に生まれて衆生を教化《きょうけ》することを願いて、浄土に往生することを願わず。このこといかん。答えて曰わく。この人またひとりの徒《とも》あり。何となれば、もし身、不退に居《こ》してこのかた雑悪《ぞうあく》の衆生を化《け》せんがためのゆえに、よく染《ぜん》に処すれどもも染せられず、悪に逢えども変ぜず。鵝鴨《がおう》の水に入《い》れども、水湿《うるお》すことあたわざるがごとし。かくのごときの人ら、よく穢に処して苦を抜くに堪えたり。

もしこれ実の凡夫ならば、ただ恐らくは自行いまだ立たず。苦に逢えばすなわち変じ、彼を済《すく》わんと欲せば、あいともに没《もっ》しなん。鶏《にわとり》を逼《せ》めて水に入《い》らしめるがごとし。あによく湿わざらんや。

このゆえに『智度論』に云《い》わく。「もし凡夫発心《ほっしん》して、すなわち穢土《えど》に在《あ》りて衆生を救済《くさい》せんと願わば、聖意《しょうい》許さず」と。

何の意《こころ》かしかるとなれば、龍樹菩薩、釈して云わく。

「たとえば、四十里《しじゅうり》の氷に、もし一人ありて、一升の熱湯をもってこれに投ずれば、当時は少しく減ずるに似たれども、もし夜を経て明《あけ》に至れば、すなわち余のものよりも高きがごとし。凡夫、ここに在りて発心して苦を救うも、またかくのごとし。貪《とん》・瞋《じん》の境界違順《きょうがいいじゅん》多きをもってのゆえに、自ら煩悩を起こして、返って悪道に堕するがゆえなり」と。

よく現実をあらわしたたとえだと思う。

穢土である娑婆世間に身をおいて衆生を救うために奮闘するすがたは尊い。しかしそれはすぐれた菩薩の境地に達した者にのみ許されることである。もし煩悩具足の凡夫が、そのような上地《じょうじ》の菩薩のまねをすれば、たちどころに足をすくわれる。凡夫が穢土で他の人を救おうとすることは、同じ鳥だからといって、水鳥でない鶏を無理やり水に入れるようなものだという。そうした人間のこころがおこす善意を「聖意許さず」という。厳しいことばである。

人の苦しみ悩むすがたを見て、思わず手を差しのべようとするのが人間の自然の情であろう。いのちが慈悲のこころを喚び起こすのである。窮地におちいっている人を見て、そしらぬ顔をして通り過ぎるなら、そういう者は「関心」という人間としてのもっとも大切なこころを失っている者といわなければならない。「愛の反対概念は無関心」といわれるように、人のこころを失っている者である。

人として生きるということは他者への関心をもつということだが、他の人へこころをふりむけようとするその足もとに、越えることのできない自と他をへだてる深淵が横たわっている。どれほどその人のことを思っても、その人の身に成り代わるわけにはいかない。愛が深ければ深いほど、自他をへだてる無限の距離に頭をうなだれざるをえないだろう。

「無意識な偽善家」（夏目漱石）。これが人間のまぬがれがたい事実といえる。もし、煩悩の身を無視して、自分の善意を押しつけようとするならば、愛という名の苛酷な支配、被支配の関係しか生みださないだろう。文化の相違だから一概にはいえないが、近ごろの日本の若者たちも、西洋人の男性の友愛の仕草をまねて肩を組むことがある。しかしそれは、対等もしくは優位の仕草であろう。女性や弱者の方からは決してなされない。

五濁悪世を生きる凡夫の自覚を欠いた無意識の偽善の正体を暴いたのが、「四十里四方の氷」と「一升の熱湯」のたとえである。時機の自覚を欠いて、自分が善しと考え、自分が義《ただ》しとすることを押しつけるならば、ちょうど氷山の一角に一升の熱湯を注ぐようなものである。その時はなにがしかの善をなしとげたかのような自己満足を得られるかもしれないが、ひと夜あければ、故《もと》の木阿弥どころか、かえって事態を混乱させている。

親鸞は『正像末和讃』において、

無明《むみよう》煩悩しげくして
塵数《じんじゆ》のごとく遍満す
愛憎違順することは
高峯岳山《こうぶがくさん》にことならず

と、末法五濁の世に生をうけた凡夫の悲しみを述べている。

慈悲のこころは尊いこころである。しかしそれが無我の智慧から発する仏《ぶつ》の大悲心に根拠をもつことを忘れるならば、慈悲とは似て非なるものに変質してしまう。いのちあるものすべてに通じる一如のいのちから呼び起こされた慈悲のこころを、自分の思うように使おうとするところに間違いのもとがある。

「一科の栴檀」のたとえ

道綽は、念仏のみが末法において如来の大慈悲心を成就する道であることを「一科の栴檀」のたとえで示している。


父王、仏に白《もう》さく、「念仏の功、その状《かたち》いかんぞ」と。

仏、父王に告げたまわく、「伊蘭林《いらんりん》の方四十由旬《ほうしじゅうゆじゅん》ならんに、一科の牛頭栴《ごずせん》檀《だん》あり。根芽《こんげ》ありといえども、なお未《いま》だ土を出でざるに、その伊蘭林ただ臭くして香ばしきことなし。もしその華菓《けか》を噉《たん》ずることあらば、狂《きょう》を発《おこ》して死せん。後《のち》の時に栴檀の根芽ようやく生長《しょうちょう》して、わずかに樹に成らんと欲す。香気《こうけ》昌盛《しょうじょう》にして、ついによくこの林を改変してあまねくみな香美《こうみ》ならしむ。衆生見る者、みな希有《けう》の心《しん》を生ぜんがごとし。」

仏、父王に告げたまわく、「一切衆生、生死の中にありて、念仏の心《しん》もまたかくのごとし。ただよく念を繋《か》けて止《や》まざれば、定《さだ》んで仏前に生ぜん。

ひとたび往生を得れば、すなわちよく一切諸悪を改変して大慈悲を成《じよう》ぜんこと、かの香樹《こうじゆ》の伊蘭林を改むるがごとし。」

言うところの「伊蘭林」は、衆生の身の内の三毒・三障、無辺の重罪に喩《たと》う。「梅檀」と言うは、衆生の念仏の心に喩う。「わずかに樹と成らんと欲す」というは、いわく、一切衆生ただよく念を積みて断えざれば、業道《ごうどう》成弁《じようべん》するなり。

「四十里四方の氷」のたとえは末法五濁の世のたとえだった。人間の善意のはたらきかけではびくともしない時代社会をあらわしていた。いまはその人間のこころの問題である。四十里四方より広い「方四十由旬の伊蘭林」にたとえる。伊蘭は毒草で、その伊蘭が密生している中に香木の梅檀の種がおろされる。時がめぐり、梅檀のふたばが地表に芽吹き、若木に成長するにともない、臭気が猖獗《しようけつ》をきわめていた伊蘭の林がおのずと梅檀の香りに包まれるというたとえである。

念仏は自己の変革である。自分が変わることによって世界との関係が変わる。世界を自分の外に見るか、世界を自分の内容とするか。人間精神の大きな「かわりめ」である。世界を自分の外に見るかぎり、支配と被支配が交差する果てしのない伊蘭の林がしげるばかりである。念仏のこころにおいて世界と自分がひとつに結ばれる。そこは「えらばず、きらわず、見すてず」（竹中智秀）と誓う如来の本願がはたらく法界である。伊蘭の林は念仏のまことを証《あかし》していく栴檀の林へと転じていく。

「方四十由旬の伊蘭林」と「一科の栴檀」のたとえは道綽自身のあゆみに重ねて述べたものであろう。道綽のこころに芽ばえた一本の栴檀樹は世界の見方を変えた。末法の世を生きる民衆を自分の内に見いだしたのである。玄中寺において曇鸞の石碑に出会い、念仏の人となった道綽は、以後、生涯を念仏の中で民衆と共に生きた。

伝記によれば、道綽は念仏の道を説く『観無量寿経』を生涯に二百遍講話したという。数多くの道俗子女が道綽を慕って集まり、念仏の声が山谷《さんこく》にこだましたという。民衆と共にある道綽のすがたが彷彿《ほうふつ》とする。

特に目を引くのは、道綽が人々に念仏を相続するために「数量念仏《すりよう》」の工夫をしたことである。小豆と升を用意し、ひと声念仏を称えるごとに一粒の豆を升に入れる。そうして升に豆が一杯になることをはげみに念仏に精を出すことを勧めた。また念仏申すにしたがって念珠の珠を繰《く》って数を計る工夫もしたようである。今は伝わっていないが、道綽には『行図《ぎようず》』という一巻の書物もあったようである。称名念仏の具体的な方法を述べたものであろう。

そのように念仏の数をはげますような方法は、ともすると程度の低い行として冷笑されるかもしれない。しかし、念仏の声が地を掃《はら》う今日の状況にあって、あらゆる手だてを講じて人々が念仏に親しむ工夫をこらした道綽の篤《あつ》い道心を笑うことのできる者がいるだろうか。

念仏の声が地上から消えようとしている今日、それでも民衆の日暮らしの片隅に「南無阿弥陀仏」の名が口にのぼるのは、ひとえに道綽の恩徳といわなければならない。

『安楽集』――『観経』講説の集大成

『安楽集』は、道綽が生涯にわたって倦《う》むことなく続けた『観経』講説の集大成である。十二の大要の章から成り、それぞれに子《し》門の問題群が詳説されている。道綽の時代は聖道の教えが隆盛をほこっていた時であり、そうした中で浄土の一門が時機相応の唯一の道であることを明らかにするためには、きめのこまかい議論が必要であった。聖道の教えになじんでいる者につれそって、彼らが依拠している経典や聖教《しょうぎょう》類に往生浄土の道が説かれていることを示す必要があった。

道綽は伝記に「弱齢《じゃくれい》にして俗に処《あ》り、閭里《りょり》、恭譲《きょうじょう》をもって名を知らる」といわれ、いつも笑みを含んだ穏やかな人であったようだ。そうした道綽の人となりが著書にもあらわれ、いろいろな人の思いや疑問にていねいに答えることを旨としている『安楽集』の議論は多岐にわたる。

そうした穏やかに議論を進める『安楽集』にあって、道綽がはっきりとものを言う聖道、浄土の二門の決判の箇所は、かえって力強い断言のひびきがある。凄絶な戦禍のもとを生きてきた少年期を経験し、真摯な求道に青壮年期のすべてをささげた道綽が、ついにめぐりあった念仏へのゆるぎない確信が伝わってくる。本願念仏の一道のあることを時代社会におおやけにすることが『安楽集』一部の使命である。

道綽は「いま、ここに、生きている」人間の現実の足もとに仏法の歴史を見た。聖道門の人たちの、仏でもないのに仏になったかのように錯覚して、思い上がった高みから現実の人間を分類し裁断し、人を実体化し等級化する、そのような冷たい仏教教理に対して道綽は、地上に日々の生活を営む眼前の人間の事実を尊重した。

仏教は「五逆・十悪の愚人」、「一生造悪の衆生」と、厳しく人間の現実を問う。それらのことばは仏の大悲心の中で発せられている教えのことばであり、自覚のことばである。如来の真実にはたらかれ、うながされて、みずからの不実であることを思い知らされる。その真実との出会いの中に、凡夫に発起する具体的な菩提心が胎動しているといえよう。そのような凡夫の仏道を明らかにしたのが、第三大門の聖浄二門の決判である。

末法に生きる

『安楽集』は、聖道の教えはすでに時を失し機に乖《そむ》いており、往生浄土の道のみが時機相応の真実の教えであることを証明するために、『大集経《だいじっきょう》』の月蔵分《がつぞうぶん》の文を取意して、釈尊滅後を五百年ごとに区切り、五箇の時代区分で仏法と衆生との関係を記す。

仏滅度の後の第一の五百年には、我がもろもろの弟子、慧《え》を学ぶこと堅固を得ん。

第二の五百年には、定《じょう》を学ぶこと堅固を得ん。

第三の五百年には、多聞読誦《たもんどくじゅ》を学ぶこと堅固を得ん。

第四の五百年には、塔寺を造立《ぞうりゅう》し福を修し懺悔《さんげ》すること堅固を得ん。第五の五百年には、白法隠滞《びゃくほうおんたい》して多く諍訟《じょうじゅ》あらん。微《すこ》しき善法ありて堅固を得ん。

第一の五百年は正法《しょうぼう》の時、第二の五百年、第三の五百年は像法《ぞうぼう》の時、第四の五百年、第五の五百年は末法《まっぽう》の時とされる。道綽の時代の仏滅年代の考えから、道綽は仏滅後千五百年以後の末法に生をうけたと考えている。それは道綽自身の少年期の戦乱と廃仏の痛切な実感でもあった。

今の時の衆生を計るに、すなわち仏《ぶつ》、世を去りたまいて後《のち》の第四の五百年に当れり。正《まさ》しくこれ懺悔し福を修し、仏の名号を称すべき時の者なり。

聖教には生死を厭い離れることが説かれているにもかかわらず、あいも変わらず三界《さんがい》に流転《るてん》して、三悪道をさまよっている衆生の現実がある。無始輪回《むしりんね》の生死の迷いの連鎖をどのように断ち切るか。出離生死という仏教の共通課題に応えて道綽は、聖道・浄土の決判という仏教史を裁断する歴史認識を示す。

問うて曰《い》わく。一切衆生みな仏性《ぶっしょう》あり。遠劫《おんごう》よりこのかた多仏に値《あ》うべし、何に因《よ》ってか今に至るまで、なお自ら生死に輪回して火宅を出《い》でざるや。

答えて曰わく。大乗の聖教《しょうぎょう》に依るに、良《まこと》に二種の勝法《しょうぼう》を得てもって生死を排《はら》わざるに由るなり。ここをもって火宅を出でず。何者をか二とする。一には聖道、二には往生浄土なり。その聖道の一種は今の時、証しがたし。一には大聖《だいしょう》を去ること遥遠《ようおん》なるに由る。二には理深く解微《げみ》なるに由る。

四十八歳で曇鸞の教えに導かれて念仏の道に帰すまでの道綽の懸命の求道の跡を総括することばである。大聖釈尊に親しく教えを聞くことのできない悲しみが溢れている。釈迦の遺した教えに値《あ》いながらその深遠な教理から隔たっている凡夫の身の歎きの声が聞こえる。

末世の仏弟子の悲歎の中から道綽は決然と本願念仏の一道をあゆみ出す。

このゆえに『大集月蔵経《だいじゆうがつぞうきよう》』に云わく。「我が末法の時の中《うち》に億億《おくおく》の衆生、行《ぎよう》を起こし道《どう》を修《しゆ》せんに、未《いま》だ一人《いちにん》も得《う》る者あらじ。当今は末法なり。この五濁悪世には、ただ浄土の一門ありて通入すべき路なり」と。

このゆえに『大経』に云わく。「もし衆生ありて、たとい一生悪を造れども、命終《みようじゆう》の時に臨みて、十念相続して我が名字《みようじ》を称せんに、もし生まれずば、正覚《しようがく》を取らじ」と。

聖道を捨てて浄土に帰す。末法五濁の凡夫のための仏道が開示された。称名念仏の道が凡夫のためにおこされた本願の一道であることが明らかにされた。末代における唯一の仏道を示した道綽の恩徳を親鸞は、『高僧和讃』の道綽讃

において、

縦令《じゆりよう》一生造悪の
衆生引接《いんじよう》のためにとて
称《しよう》我《が》名字と願じつつ
若《にやく》不《ふ》生者《しようじや》とちかいたり

と、高らかに謳《うた》いあげている。

三　時機相応の教え

親鸞と「聖浄二門判」

「正信偈」の道綽章は、『安楽集』冒頭の「信を勧め往《おう》を求めしむ」という総標のことばにしたがって、聖浄二門判《しょうじょうにもんはん》の大義を述べ、本願に相応する信心を勧める要義を述べる。

まず末法においては、聖道の教えによって万行諸善を身にそなえて仏のさとりに証入《しょうにゅう》することは困難であり、本願の名号を称する浄土の一門のみが時機相応の教えであることを讃嘆する。

道綽決聖道難証　　道綽、聖道の証《しょう》しがたきことを決して、
唯明浄土可通入　　ただ浄土の通入すべきことを明かす。

万善自力貶勤修　　万善の自力、勤修《ごんしゅ》を貶《へん》す。
円満徳号勧専称　　円満の徳号、専称を勧む。

たとえ聖道の教えが大聖世尊と同じ仏のさとりを開く道を示しているとしても、それが時機を見失えばいたずらに人々を苦しめ迷わすものとなる。道綽は『安楽集』の最初の「教興《きょうこう》の所由《しょゆ》」の箇所において、なぜいま如来の本願の法によるのかを明快に述べている。

時に約し機に被《かぶ》らしめて、浄土に勧帰することあらば、もし教、時機に赴けば修《しゅ》し易く悟り易し。もし機と教と時と乖《そむ》けば、修し難く入《い》り難し。

浄土の教えは時を得、機に応じた末代の仏法である。聖道の教えがどんなにすばらしい教理をほころうとも、それが時機の自覚を欠けば、現実から遊離する。浄土に帰すことが末法における仏法への唯一の通入の道路である。法然は

「通入」について、「広《こう》通入」と「遠《おん》通入」の二つの意味があるという。
「広通入」はあらゆる機に通じることをいう。

ひろく通ずというは、五逆の罪人をあげて、なお往生の機におさむ。いわんや余の軽罪をや、いかにいわんや善人をやと心得つれば、往生のうつわものにきらわるるものなし。かるがゆえにひろく通ずというなり。

（『和語燈録』）

「遠通入」はあらゆる時に通じることをいう。

とおく通ずというは、末法万年ののち法滅百歳まで、この教とどまりて、その時にききて一念する、みな往生すといえり。いわんや末法のなかをや、いかにいわんや正法・像法をやと心得つれば、往生の時、もるる世なし。かるがゆえにとおく通ずというなり。

（同前）

本願念仏の仏道の普遍性は時機の自覚にあるといえよう。末法五濁の世に生きる凡夫の身の自覚を欠いて、どれほど高邁《こうまい》な教理を押し立てても、それはさとりに至る道ではない。一升の熱湯のたとえが教えるように、確かに熱湯は氷をとかすが、現実を無視すればかえって氷の嵩《かさ》をふやすだけである。一科の梅檀のたとえが教えるように、たとえ衆生の現実がどんなに悲惨なものであろうとも、その現実そのものが仏法のまことを証《あかし》していく場として新しい意味を獲得していくのが本願念仏の道である。

親鸞は『入出二門偈』において、道綽が明らかにした聖道と浄土の決判の意味を、

此《ここ》にありて心《しん》を起こし行《ぎょう》を立てん者は、すなわちこれ聖道なり、自力と名づく。必ず安楽国に往生を得れば、生死《しょうじ》すなわちこれ大涅槃なり、すなわち易行道なり、他力と名づくとのたまえり。

と総括している。

「像末法滅」――ここに道あり

「正信偈」は次に、道綽が曇鸞の本願相応の信心を末代の者のためにより懇切に説き明かし、凡夫が仏になるべき往生浄土の利益を明らかにしたことを讃嘆する。

三不三信誨慇懃　　三不三信《さんぷさんしん》の誨《おしえ》、慇懃《おんごん》にして、
像末法滅同悲引　　像末法滅、同じく悲引《ひいん》す。
一生造悪値弘誓　　一生悪を造れども、弘誓《ぐぜい》に値《もうあ》いぬれば、
至安養界証妙果　　安養界《あんにょうかい》に至りて妙果を証せしむ、といえり。

「三不三信」は、もとは曇鸞の『論註』に説かれていることである。阿弥陀仏

の名を称し憶念することについて、その念仏のこころが阿弥陀仏の本願に相応しているか、不相応かを吟味するために、信心の内容を淳心《じゅんしん》、一心《いっしん》、相続心《そうぞくしん》の三つの側面であらわす。

「誨慇懃」は他力の信心をあらわすために、道綽が『安楽集』において、曇鸞の明らかにした本願相応の三信と不相応の三不信の教えをよりていねいに述べたことをいう。実際は『浄土論註』の文をほとんどそのままなぞっているだけだが、最後に本願相応の三信をまとめることばを付け加えている。

もしよく相続すれば、すなわちこれ一心なり。ただよく一心なれば、すなわちこれ淳心なり。この三心を具して、もし生まれずといわば、この処《ことわり》あることなけん。

曇鸞が明らかにした淳心、一心、相続心という三つのこころが深く関係し一つの動きになるとき、必ず浄土に往生すると言い切っている。「無有是処（この処あることなけん)」というのは、この道理をはずれてどこにも事実の成立する場所はないという強い断定のことばである。末法の世において、他力の信心によることなくどこに往生の道があろうかと、本願の道理を明確に述べている。

「像末法滅」は、像法、末法、法滅の時をいう。道綽は末法のはじめに生をうけて、みずからの人生を通して、他力真実の本願がすべての苦悩する者を浄土に往生させようとはたらいていることを証した。他力の信心をねんごろに教えることによって道綽は、いつの時代に生きる者にも「ここに道あり」と呼びかけているという。

「一生造悪値弘誓　至安養界証妙果」は、その往生浄土の凡夫の仏道の利益を讃嘆する。「一生悪を造れども」と読んでいるが、「一生造悪」の自覚と「値弘誓」は一つのことであろう。本願の摂取不捨の愛においてはじめて自分はだれかを知る。助けられなければならない自分を引き受けることができる。

「至安養界証妙果」は、浄土の証果を讃嘆する。行く時も坐す時も仏のさとりを象徴する蓮華がこの身をそのままに承《う》けとめている。いつも仏法を守護する帝釈天や梵天が前後に付きしたがう。観音菩薩や勢至菩薩などの聖衆《しょうじゅう》が友となり、阿弥陀仏は師となる。宝樹、宝林、宝池など身心を安らげ悦《よろこ》ばせる荘厳が依報となる。仏と同じ金色《こんじき》の法の身を得る。心を静かに止めれば法と一つにとけ合う。神通《じんずう》をおこし三昧《さんまい》に住する。仏道の行である八正道をふみ行い大涅槃に至る。浄土はこのような徳が成就した世界である。浄土に往生することは、このような徳を身に受け、助けられなければならない自分に目覚め、その目覚めを与えた本願に乗託《じょうたく》して、みずからを助ける者として自己成就していく仏道である。

道綽は、龍樹、天親、曇鸞が明らかにした本願他力の易行である浄土の一門が、末代の唯一の仏道であることを身をもって証明した。親鸞はその道綽の恩徳を讃えて、『教行信証』を結ぶにあたり『安楽集』のことばを引文している。

真言を採《と》り集めて、往益《おうやく》を助修《じょしゅう》せしむ。何となれば、前《さき》に生まれん者は後《のち》を導き、後《のち》に生まれん者《ひと》は前《さき》を訪《とぶら》え、連続無窮《むぐう》にして、願わくは休止《くし》せざらしめんと欲す。無辺の生死海《しょうじかい》を尽くさんがためのゆえなり、と。

第六章　善導の仏教

一　二河白道を行く

道綽を慕って

「正信偈」を誦《じゅ》するときに、「善導独明仏正意」の一句をあらためて調声《ちょうしょう》（導唱）する形式がある。真宗門徒は朝夕の勤行を通して、「善導」という名に親しんできた。

真宗第五祖の善導（六一三〜六八一）の伝記は多くあるが、まず依るべきものとして、善導の青年期に記されたと思われる道宣《どうせん》の『続高僧伝』の記事がある。

近ごろ山僧の善導なる者あり。寰宇《かんう》を周遊し、道津《どうしん》を求訪《ぐほう》す。行きて西河《せいが》に至り、道綽師に遇う。ただ、念仏して弥陀の浄業《じょうごう》を行ずるのみ。

既に京師《けいし》に入りて広くこの化《け》を行ず。弥陀経数万巻を写す。士女《しじょ》の奉ずる者、その数は無量なり。

当代一流の仏教学者道宣に、「念仏の人」善導の名が知られていたことがわかる。

その他に弟子たちの事績を記した碑文に善導の名の関説されているものがあり、後代に編纂された伝記などと合わせてみると、善導の生涯をおおよそ知ることができる。

善導は隋の大業九年に臨淄《りんし》（現在の山東省）に生まれ、幼少のころに出家したと伝えられている。『続高僧伝』は、道綽をたずねる記事からはじまっているが、青年僧善導は仏法を求めるなかで、『観経』につよく心ひかれるものがあったようである。やがて「西行《さいぎょう》の広く流るるは、これその人なり」と、僧俗から称名念仏の人として仰がれていた石壁玄中寺の道綽に師事した。

師の道綽が八十四歳で西帰したあと、善導は長安近郊の終南山悟真寺に入り、同心の者と共に真摯な観行《かんぎょう》に励んだと伝えられている。本疏《ほんしょ》(『観経四帖《しじょう》疏《しょ》』)「定善義《じょうぜんぎ》」の三昧内容や、具疏《ぐしょ》(『法事讃』『観念法門《かんねんぼうもん》』『往生礼讃』『般舟讃《はんじゅさん》』)に散見される観法の実践形態などは、善導の実体験の行法を記したものであろう思われる。

長安進出後の善導は、当時仏教寺院として活況を呈していた、光明寺、慈恩寺、実際寺などを拠点として、活潑な教化を展開した。善導の確信あふれる話を聞いて、捨身をする者があらわれるほど精力的に民衆に説法したようである。それは後年大谷探検隊によって西域トルファンの地でその断片が発見されたことから推察されるように、厖大な量の『阿弥陀経』の書写事業をおしすめたことからも知られる。また数多くの浄土変相図(観経曼陀羅)を製作したことなどが伝えられている。そこには有縁の人々に念仏を相続していこうとする善導の強靭《きょうじん》な意志がうかがわれる。

仏の正意を明らかにする

『続高僧伝』が記す、「山僧」善導と「京師に入る」善導とにはその行動におおきな落差を感じる。道宣自身が終南山の僧なので、同じ悟真寺に居住した善導を「山僧」と呼んだのかもしれないが、「山僧」という言葉のひびきには静かな山中にあってひとすじに道をあゆむ行者のおもかげがある。一方、長安における善導には、晩年にいたって洛陽龍門石窟の大毘盧舎那仏《だいびるしやなぶつ》造営を監督する検校僧《けんぎようそう》をつとめるなど、たくさんの人々がにぎやかに行き交う街の中で「士女」に交わり、積極的に念仏を鼓吹《こすい》する教化者像が伝わってくる。

かつて野上俊静博士は「山僧」善導と「京師」善導のあざやかな対照性を、善導自身が『観経疏』の中に記した二河白道《にがびやくどう》の譬喩に重ねて、「白道を一歩ふみ出した行者は、実は清境終南山から、雑踏と繁栄と罪悪の混迷する長安の市中にあえて飛びこんでいかれた善導自身のすがたではなかったか」（『中国浄土三祖伝』善導伝）と読みとられた。

そこには、山を出でた善導が念仏相続の場所として、国際都市長安という時代の坩堝《るつぼ》を選んだことを見逃してはならない。大唐帝国の首都長安は国際商業都市だった。シルクロードの終起点として、西域の文物が流入していた。石田《いしだ》幹之助《みきのすけ》博士（一八九一〜一九七四）の『長安の春』によれば、西域の商人が往来し、「碧眼金髪紅鬢《へきがんきんぱつこうびん》」の西域の女性が酒席に侍り、西域人の奴隷までいたという。宗教では、ペルシア（イラン）に起源する祆教《けんきょう》（ゾロアスター教）、五世紀にローマ教会から排斥された景教《けいきょう》（キリスト教ネストリウス派）、善導滅後であるが中国に伝来したマニ教など、そうした異域の宗教寺院が道観《どうかん》、仏寺《ぶつじ》と伍して長安の風物詩となっていた。

民族、文化、感性、言語の異なる人々を前にして、既存の仏教の概念に固執していてはまったく通じない。日々に新しい人、新しい思想、新しい事物が流入渦巻く長安の活気の中に身をおいて、善導は「仏教とは何か」という根本問題に直面し、その古くて新しい課題を荷負《にな》ったのである。

善導は、主著である『観経疏』の結文において、なみなみならぬ決意をもって、「古今を楷定《かいじょう》せんと欲す」と述べている。それは、直接的には、六朝《りくちょう》から隋、初唐にかけてきら星のように中国仏教の精華を誇る諸師が輩出し、それらの碩学がものした『観経』理解に対して、一石を投ずるという意味がある。そして同時に、この「楷定古今」という言葉を大唐の都長安というトポス（地勢）に置いたときに、東西の思想が交差する中で、何が仏教なのかを明らかにしようという決意の宣言として聞き取ることも可能であろう。

後半生を長安の道俗の中に身をおき、師の道綽の遺弟として、念仏の一行を宣布した善導は、永隆《えいりゅう》二年、六十九歳で長逝したと伝えられている。善導の生涯は師の道綽の掲げた念仏の道を文字通り万人の仏教として広開することであったといえよう。

親鸞が「正信偈」において、「善導独明仏正意」と高らかに謳《うた》いあげた意味は、今日の時代の困難の中でいよいよ光彩を放っているといえる。

善導の著作

善導の著書は五部九巻《ごぶくかん》が今日伝わっている。『観経疏』四巻は、「玄義分」「序分義」「定善義」「散善義」からなり、「玄義分」は総説的に『観経』理解の大綱を示し、「序分義」「定善義」「散善義」は各説的に『観経』本文の解釈を示している。念仏の意味を明かす基本著書としての『観経疏』を「本疏」とよぶのに対して、念仏の行儀を記した他の著書を「具疏」と称する。『法事讃』二巻は、『阿弥陀経』を中心とする法要儀礼の規範を記したもので、一日一夜の臨時行法である。天台智顗《ちぎ》の仏教儀礼の法式《ほっしき》を参考にしたものといわれる。『観念法門』一巻は、『観経』『般舟《はんじゅ》三昧経』等により、観仏三昧、念仏三昧の行法の実践と利益を説く。具疏が行門を明かす中でも、この書は教門を説くとされ、本疏に先行する善導の道綽教学継承の実践記録とみなされている。

『往生礼讃』一巻は、浄土を願生する要義として安心《あんじん》・起行《きぎょう》・作業《さごう》の三門を明かし、日没《にちもつ》・初夜《しょや》・中夜・後夜・晨朝《じんじょう》・日中《にっちゅう》の六時にわたる礼拝行と念仏の利益を説く。「六時礼讃」とも称せられ、浄土教の尋常行儀として、日本にも伝承され、今日に至っている。

『般舟讃』一巻は、『観経』等によりながら、定中《じょうちゅう》に十方諸仏を見る七日《しちにち》または九十日《くじゅうにち》の別時行法を説く。

その他の著書もあったと伝えられている（『観経疏』定善義に、『弥陀（経）義』に関説している）が、現存せず、はっきりしない。

以上の五部九巻をもって、解行双全の善導の念仏が示されている。

『観経疏』――古今を楷定する

基本著書である『観経疏』は、「楷定古今の疏」と称される。「楷」は孔子の墓に植えられた木と伝えられ、その性質が直実であることから、「楷書」の用例のようにものの手本となることをいう。「楷定古今」は、これまで聖道の諸師がさまざまに『観経』の解釈をしてきたことを受けて、その曲直を正し、如来の本願の大悲のこころがあらわれている経典として『観経』理解の基本を定めるという意味がある。「疏《しょ》」は塞《ふさ》がるところに水を通す「疏水《そすい》」の用例があるように、経典本文の意義をはっきりさせる注釈書を指す。善導は『観経疏』の末尾に、

それがし今この『観経』の要義を出《いだ》して、古今を楷定せんと欲す。

と決意を述べているように、『観経疏』に善導の思想が集中的に表現されている。

その善導の主著『観経疏』は、観経総説の「玄義分」と逐文解釈の「文義《もんぎ》分《ぶん》」とから成り立っている。文義はさらに、「序分義」「定善義」「散善義」に広説され、古来「四帖疏」と称されている。

「玄義分」は、冒頭に勧衆偈（帰三宝偈・十四行《じゅうしこう》偈）をかかげ、釈迦・弥陀二尊の教えに依ることを宣言する。次に七つの問題群を立て（七門《しちもん》料簡）、要門・弘《ぐ》願《がん》の二門建立の視点から、観経解釈の基準を明確にし、聖道の諸師の観経解釈を批判する。

「序分義」は、『観経』が説かれる因縁としての王舎城の物語を詳細に解説する。善導は経典解釈の通規である序分・正宗《しょうじゅう》分・流通《るずう》分の三分科にもとづきながら、序分・正宗分・得益《とくやく》分・流通分・耆闍《ぎしゃ》分の五分科を示す。その善導独自の観経理解は、仏一代の説法を観経開説の方便とする「化前《けぜん》序」を別開することにあらわれている。

「定善義」は、韋提希夫人《いだいけぶにん》の請い求めに応じて、釈尊が説きあらわす定善十三観を解説する。第一日想《にっそう》観から第七華座《けざ》観までは依報《えほう》を明らかにし、第八像《ぞう》観から第十三雑想《ざっそう》観までは正報《しょうほう》を明らかにする。善導はみずからが経験した三昧の内景を、『観経』の教説にしたがって記述し、仏が未来世の一切衆生のために説かれた定観は、高邁な理観ではなく、凡夫のための事観であることを示す。それは第七華座観における韋提希の得忍の解釈にあらわれている。「散善義」は、仏みずからが凡夫のために説き開く三福九品の散善の行を第十四上輩観《じょうはい》から第十六下輩観《げはい》にそって解説する。その中、三心釈《さんじんじゃく》(至誠心釈・深心釈・回向発願心釈)において、信心が往生の正因であることを明らかにする。とくに、深心釈中の「一心専念弥陀名号、行住座臥不問時節久近、念念不捨者、是名正定之業、順彼仏願故」の文は、「ふかく魂にそみ、心にとどめたる」(『法然上人行状絵図(四十八巻伝)』)と伝えられるように、法然に決定的な影響を与えた。

さらに善導は、『観経』が実業《じつごう》の凡夫の韋提希に代表される凡夫のための経典であることをあらわすために、得益分、流通分、耆闍分の独自の経典理解を示し、本疏冒頭の玄義分の「一切善悪の凡夫、生まるることを得るは、みな阿弥陀仏の大願業力に乗じて、増上縁とせざるはなきなり」という言葉と首尾呼応して、弘願真宗を明らかにする。

造疏《ぞうしょ》の意趣を述べる跋語《ばつご》には、この『観経疏』は「古今を楷定」する志願をもって、夢の中で一僧の指授によって玄義と科文《かもん》を感得したものであることを記し、みなもろともに浄土に往生し仏道を成就しようと呼びかけ、息の長い回向文を結び擱筆する。

善導と法然——二祖相承の系譜

『歎異抄』の第二章に記されているように、

親鸞におきては、ただ念仏して、弥陀にたすけられまいらすべしと、よきひとのおおせをかぶりて、信ずるほかに別の子細なきなり。

と言い切った親鸞にとって、「よきひと」は法然であった。その法然はまた、「偏《ひとえ》に善導一師に依る」と言い切って、善導を「よきひと」としている。

覚如の『口伝鈔《くでんしょう》』に、法然と聖光房《しょうこう》（弁長、一一六二〜一二三八）との問答が載せられている。法然が、念仏の法を求めて上京してきた聖光房に向かって、「念仏は唐土の念仏か、日本の念仏か」と問いただすと、聖光房はしばらく考えて、「唐土の念仏をもとむるなり」と答えた。そこではじめて法然は、「さては善導和尚《かしょう》の御弟子にこそあるなれ」と、こころよく聖光房を迎えいれたという。法然が「唐土の念仏」といった浄土真宗の伝統は善導にはじまる。

親鸞はみずからの出会った仏教を「真宗」と呼んだ。その「真宗」の語は善導と法然にささげられている。真宗七祖の中で、特に善導と法然を別にたてる二祖相承《そうじょう》の系譜である。

善導については、「正信偈」に、

善導独明仏正意　　善導独り、仏の正意を明かせり。

といい、「文類偈《もんるいげ》」ではそれを、

深藉本願興真宗　　深く本願に藉《よ》って真宗を興《こう》ず。

と展開し、釈迦仏のまことの出世の本意が弘願真宗にあることを明らかにした善導の恩徳を讃嘆している。

法然については、「正信偈」に、

本師源空明仏教　　本師・源空は、仏教に明らかにして、

といい、

真宗教証興片州　　真宗の教証、片州に興《おこ》す。

と述べている。仏一代の教えに精通した法然が、その仏教の核心として真宗を片洲濁世の日本に広開した恩徳を讃嘆している。

またその他、『高僧和讃』などにも、真宗七祖のうち、善導と法然にかぎって「真宗」の語が使われている。

「正信偈」、「文類偈」に顕著なように、「真宗」の語が「仏正意」、「明仏教」ということばと連動している。存覚《ぞんかく》（一二九〇～一三七三）は『教行信証』のはじめの注釈書である『六要鈔』において、「真宗」の語の源は、

如来、無蓋の大悲をもって三界《さんがい》を矜哀《こうあい》したまう。世に出興したまう所以《ゆえ》は、道教を光闡《こうせん》して、群萌《ぐんもう》を拯《すく》い恵むに真実の利をもってせんと欲《おぼ》してなり。

と、『大無量寿経』に説かれる釈迦仏の出世の本懐《ほんがい》を明かす文の、「真実の利」にあるという。

「真宗」という語は仏の出世の本懐にかかわることばであり、直接の根拠は善導の『観経疏』散善義に、

真宗遇《あ》いがたし。

と述べられていることによる。さらに存覚はいくつかの聖教の例をしめし、

真宗はすなわち仏教なり。

と、明快に言い切っている。

親鸞は「真宗」の語に「まこと、むね」と訓をほどこしている。仏教についての書物は無数にあり、仏教について話す者は多いが、真実、仏教を「まことのむね」としているか。昔も今も変わらない重い課題である。その仏教の根本課題に「廃立《はいりゅう》」の精神をもって応えたのが善導であり、また「偏依善導一師」を標榜した法然であると親鸞は受けとった。

「廃立」の精神

「廃立」は法然のことばであるが、その源は善導にある。善導の『観経疏』散善義の流通分において、『観経』における仏陀釈尊の教えの全体を総括し、

上《かみ》よりこのかた定散《じょうさん》両門の益《やく》を説くといえども、仏《ぶつ》の本願の意《こころ》を望まんには、衆生をして一向に専《もっぱ》ら弥陀仏の名《みな》を称せしむるにあり、と。

と述べている。「念観廃立《ねんかんはいりゅう》」といわれる文である。

「廃立」は「ただこのこと一つ」を選び取り、他のことは選び捨てる、事実認識の方法である。あれもこれもではない。自分に縁のあるもの、自分の身の上におこっていることを眼前の事実として荷負《にな》っていく人間精神をいう。身はいつでも「このこと一つ」を選び取って生きている。生きるということは、いつでも廃立を生きているといえる。仏陀釈尊は「定善・散善」といわれる諸善万

行を説かれたが、その本意は定散二善によって高度の瞑想である観仏三昧を成就することではなく、いつでも、どこでも、だれでも行うことのできる称名念仏を教えることにあるという。「称名」が実人生を生きる人々の有縁の行であるという決定である。

真宗七祖の中で、特に善導・法然の二人をえらんで二祖相承をあげるのは、この二人が「だれのための仏教か」を明らかにしたからである。親鸞は『歎異抄』の第二章において、

親鸞におきては、ただ念仏して、弥陀にたすけられまいらすべしと、よきひとのおおせをかぶりて、信ずるほかに別の子細なきなり。

と、「ただ念仏して」という念仏の信心を述べたあと、

弥陀の本願まことにおわしまさば、釈尊の説教、虚言《きょごん》なるべからず。仏説

まことにおわしまさば、善導の御釈《おんしやく》、虚言したまうべからず。善導の御釈まことならば、法然のおおせそらごとならんや。法然のおおせまことならば、親鸞がもうすむね、またもって、むなしかるべからずそうろうか。詮《せん》ずるところ、愚身の信心におきてはかくのごとし。

と、弥陀の本願の法、釈迦の教説に続けて、直ちに善導・法然の名をあげている。二尊、二祖から伝説、伝承された念仏の信心は「愚身の信心」である。それは法然の遺言である『一枚《いちまい》起《き》請文《しようもん》』に明快に記されている。

念仏を信ぜん人は、たとい一代の法を能《よ》く能《よ》く学すとも、一文不知《いちもんふち》の愚どん《(鈍)》の身になして、尼入道の無ち《(智)》のともがらに同《おなじく》して、ちしゃ《(智者)》のふるまいをせずして、只一こう《(向)》に念仏すべし。

凡夫のための仏教。真宗七祖を通してみなこのこと一つを言っているのだが、その通りに受けとめることは難中の難である。信國淳《のぶくにあつし》師（一九〇四〜一九八〇）は、「一文不知の愚鈍の身になして、とある。なして、というのは意志をあらわす。意志して一文不知の愚鈍の身になること」だという。一般に、『一枚起請文』のことばを指して「還愚《げんぐ》の義」と評するが、愚痴に還るということは口でいうほどたやすいことではない。むしろ人間にはまったく不可能であろう。親鸞が弥陀の本願、仏説、善導の御釈、法然のおせと、念仏の歴史を「愚身の信心」の一点で受けとめたように、本願を信受する念仏の信心の積極的な発動が、意志して一文不知の愚鈍の身になることにほかならないといえよう。仏教は「一文不知の愚鈍の身」、「一文不通のともがら」である凡夫のための教えであることを明言したのが善導であった。

二 『観経』を本宗として

称名・念仏三昧

「楷定古今」ということばをもって語る善導の立脚地は単純である。「凡夫」という単純明快な人間理解である。この平明な人間理解は、おそらく長安の都ではぐくまれたものであろう。「人種、信条、性別、社会的身分、門地」の坩《る》堝《ぼ》である国際商業都市長安にあって、「政治的、経済的、社会的関係」のあらゆる人間のすがたが異なる中で、すべての人に共通するのは「凡夫」というはだかの人間のすがたであった。人はそれぞれの人生でさまざまな着物を身にまとうが、それらの財力、能力、資格、家柄・血筋といった世間の着物がその人自身ではない。人はその見かけがどのようなすがたであろうとも、その人自身は頭の髪の毛一本から足のつま先に至るまで、徹頭徹尾「ただのひと（凡夫）」

である。その凡夫に響く仏教でなければ、生きた仏教とはいえない。善導は如来の本願が凡夫のためにはたらき出ることを説く『観経』を生きた仏教として受けとめた。

善導以前の聖道の諸師は、『観無量寿経』に「観」の字があるので、高度の瞑想である観仏三昧を説く経典だと理解した。浄影寺慧遠《じようようじえおん》（五二三〜五九二）、天台大師智顗《ちぎ》（五三八〜五九七）、嘉祥大師吉蔵《かじようだいしきちぞう》（五四九〜六二三）などの聖道の諸師にとって、『観経』は寓宗《ぐうしゆう》である。慧遠は地論宗《じろんしゆう》、智顗は天台宗《てんだいしゆう》、吉蔵は三論宗《さんろんしゆう》がもともとの拠り所としている本宗である。『観経』は仮に講釈をこころみたにすぎない。

しかし善導は、『観経』には観仏三昧も説いてあるが、仏の真意は万人に広開された称名の道、念仏三昧を明らかにすることにあるとみた。善導は『観経』を本宗とした。『観経』に仏の教えを聞いた。『観経』を家にたとえれば、聖道の諸師はよそから来た客であろう。

『観経』の家の普請や床柱などをいろいろほめそやすが、生活の苦楽を共にしない。所詮はよそごとである。善導は『観経』という家の家族になった。その家の家族になって、そこを自分の生活の場とすることによって見えてきた単純な事実がある。

ただこの『観経』は仏《ぶつ》、凡《ぼん》のために説きたまう、聖《しょう》のためにせざるなり。

『観経』において仏陀釈尊は、浄土に往生する者を上品上生《じょうぼんじょうしょう》から下品下生《げぼんげしょう》までの九つの機類にわけて説く。聖道の諸師は浄土に往生する機類をその修すべき行にしたがって、大乗の極善《ごくぜん》の行を修《しゅ》する菩薩から小乗の修行の進んだ聖《しょう》者《じゃ》、世間の善行を修する者などにわけて理解した。

善導はそうした聖道の諸師の『観経』理解に敢然と異をとなえる。仏の大悲は「偏《ひとえ》に凡夫の為《ため》」におこされるとする立場から、

上品の三人は、これ大（乗）に遇える凡夫、

中品の三人は、これ小（乗）に遇える凡夫、
下品の三人は、これ悪に遇える凡夫なり。

という。

人間を実体的に決めつけずに、徹底して遇縁《ぐうえん》存在とみる。事実存在するのは、如来の大悲の光の中で日々のいのちをつなぐ凡夫である。その凡夫が大乗の教えを聞く縁に遇えば、大乗の菩薩の行を行ずることもある。小乗の教えを聞く縁に遇えば、小乗の聖者の道をあゆむこともある。同じ凡夫が、悪の因縁に遇えば、五逆・十悪の罪業をつくる。

人間とは何か。古今東西の人類の思想の根本問題である。善導は仏の教えによって、如来の大悲心が見いだした「煩悩を具足せる凡夫人」を人間の原基とした。

今の時の善悪の凡夫をして、同じく九品《くほん》に沾《うるお》わしめんと欲す。信を生じて

疑いなければ、仏の願力に乗じて、ことごとく生ずることを得るなり。

「九品唯凡《くほんゆいぼん》」、これが『観経』を本宗とした善導に聞こえてきた仏の教えであった。

善導の六字釈

凡夫という普遍的な人間の事実の上に与えられるのが「南無阿弥陀仏」の名である。善導は「南無阿弥陀仏」の六字の名号そのものに往生浄土の道理が法としてはたらいていることを明らかにした。

『観経』の下品下生に説かれる「南無阿弥陀仏」の念仏は、その六字の名号自体が「願行具足」の本願の法であることを述べる。古来、善導の「六字釈」といわれる。蓮如《れんによ》（一四一五〜一四九九）の『御文《おふみ》』はこのことひとつを繰り返し語るものである。

言南無者、即是帰命。「南無」と言うは、すなわちこれ帰命なり。
亦是発願回向之義。またこれ発願回向の義なり。
言阿弥陀仏者、即是其行。「阿弥陀仏」と言うは、すなわちこれ、その行なり。
以斯義故、必得往生。この義をもってのゆえに、必ず往生を得。

この「言南無者」の六字釈によって、五逆・十悪の凡夫人が、如来回向の本願の名号を素直なこころで信受して「南無阿弥陀仏」と称名念仏すれば、必ずその本願の浄土に往生するという、真宗念仏の規範が確立した。

善導の三心釈

念仏往生の信心が如来回向の信心であることを明らかにするのが、『観経疏』

散善義に展開される三心釈である。

仏は『観経』において、はじめには韋提希《いだいけ》の請いに応じて定善の観法を説き、次に仏の自開として、定観の成就しがたい現実を生きる者のために散善の行を説く。散善を説くにあたって、浄土に往生するためには三つの心を発《おこ》すことを教える。

もし衆生ありて、かの国に生まれんと願ずれば、三種の心を発してすなわち往生す。何等をか三つとする。一つには至誠心《しじょうしん》、二つには深心《じんしん》、三つには回向発願心《えこうほつがんしん》なり。三心《さんじん》を具すれば、必ずかの国に生ず。

善導はこの『観経』の三心に目をとめた。もとの経文は「一者至誠心、二者深心、三者回向発願心」の十六文字である。それを善導は『観経疏』の三心釈において、三千五百五十二字をついやして解釈している。いかに深い関心をはらっているかがわかる。如来の本願のまことが現実の人間のこころの上にはたらき出る具体的なすがたを『観経』の三心にみたのであろう。

至誠心釈

親鸞は善導の長文の三心釈の大部分を『教行信証』の信巻《しんのまき》および化身土巻《けしんどのまき》に引用している。『大無量寿経』の第十八願文に説かれる「至心《ししん》、信楽《しんぎょう》、欲生《よくしょう》」の本願の三心《さんしん》に呼応して、衆生の現実の上にあらわれるこころとして『観経』の三心《さんじん》を読みとったと思える。その根基は至誠心釈《しじょうしんじゃく》にある。

善導は『観経』の三心の第一の至誠心について、画期的な解釈をほどこす。

「一者至誠心」。「至」は真なり。「誠《じょう》」は実なり。

と、至誠心ということばにまとわりつく人間の情的な印象を断つ。仏陀釈尊が浄土に往生するこころとして教える「至誠心」は「真実心」のことであるという議論の基《もとい》をさだめる。その上で、浄土に往生する主体の問題を展開する。

> 一切衆生の身《しん》・口《く》・意業《いごう》の所修《しょしゅ》の解行《げぎょう》、必ず真実心の中《うち》に作《な》したまえるを須《もち》いることを明かさんと欲《おも》う。外《ほか》に賢善精進《げんぜんしょうじん》の相を現ずることを得ざれ、内に虚仮《こけ》を懐いて貪瞋邪偽《とんじんじゃぎ》、奸詐百端《かんさももはし》にして、悪性《あくしょう》侵《や》め難し、事、蛇蝎《じゃかつ》に同じ。三業《さんごう》を起こすといえども、名づけて「雑毒《ぞうどく》の善」とす、また「虚《こ》仮《け》の行」と名づく、「真実の業《ごう》」と名づけざるなり。

徹底して人間の不実性を明らかにする。もしこの人間のこころの闇を見すえる厳しいことばを聞いても恬《てん》として恥じない者は、残念ながら真実の宗教との縁はないのであろう。

この至誠心釈の文《もん》の読み方は親鸞の独自な読み方になっている。もとの漢文は、不得外現賢善精進之相、内懐虚仮。

であり、

外に賢善精進の相を現じて、内に虚仮を懐くことを得ざれ。

と読むのが一般的である。ところが親鸞は、

外に賢善精進の相を現ずることを得ざれ、内に虚仮を懐いて、云々

と読んだ。

かつて一部の学者から、親鸞は漢文をまともに読めなかったのではないかという見当はずれの疑難のおこったことがある。二十年間、比叡山で苦学した親鸞が漢文を読めなかったはずはない。確信をもって、あえて通途《つうず》の読み方と異

なる読み方をしたと思われる。親鸞の独自の読み方には先行する重大な指摘があった。師の法然の『選択集《せんじやくしゆう》』である。

法然は善導の三心釈を取り上げた『選択集』の三心章において、

至誠心とは、これ真実心なり。その相かの文《もん》（善導『観経疏』）のごとし。ただし、「外に《ほか》賢善精進の相を現じ、内に《うち》虚仮《こけ》を懐く」というは、「外《げ》」とは内《ない》に対する辞《ことば》なり。いわく外相《げそう》と内心《ないしん》と調わざる意《こころ》なり。すなわちこれ外《げ》は智、内《ない》は愚なり。「賢《けん》」とは愚《ぐ》に対する辞なり。いわく外《げ》はこれ賢、内《ない》はすなわち愚なり。「善《ぜん》」とは悪《あく》に対する辞なり。いわく外《げ》はこれ善、内《ない》はすなわち悪なり。「精進《しようじん》」とは懈怠《けだい》に対する辞なり。いわく外《ほか》には精進の相を示し、内《うち》には懈怠の心《しん》を懐くなり。

もしそれ、外《げ》を翻《ひるがえ》して内《ない》に蓄えば、まことに出要《しゆつよう》に備えつべし。

外に賢善精進の相をあらわしているのは、その内に愚であり、悪であり、懈怠のこころを懐いているからであろう。しかし、外相の賢善精進のままに内心も賢善精進になるようにつとめるなら、出離生死の要道である仏道に立つことができるだろうという。外相と内心とが一つでない、使い分けをすることが道心を腐らせるもとである。

引き続いて、法然はそのことを更に徹底する。

「内《うち》に虚仮を懐く」等とは、

「内《ない》」とは外《げ》に対する辞《ことば》なり。いわく内心《ないしん》と外相《げそう》と調わざる意《こころ》なり。すなわちこれ内《ない》は虚《こ》、外《げ》は実なり。

「虚《こ》」とは実に対する辞なり。いわく内《ない》は虚、外《げ》は実なる者なり。

「仮《け》」とは真に対する辞なり。いわく内《ない》は仮、外《げ》は真なり。

もしそれ、内《ない》を飜《ひるがえ》して外《げ》に播《ほどこ》さば、また出要に足んぬべし。

法然の人間を見る眼のくもりなさを思う。内に虚仮のこころを懐いている者は、きっと外に真実らしいすがたをふるまっているだろうという。しかし、そのみずからの見せかけの偽りを思い知り、虚仮不実な自分の内面をそのまま如来の真実の前にあらわせば、凡夫の仏道が開けるのである。

至誠心釈の親鸞の独自な読みは、『選択集』三心章における法然のするどい人間凝視の教えを聞いたことへの応答である。「不得外現賢善精進之相」は、「外に賢善精進の相を現ずることを得ざれ！」という教命である。それに応えて、「内に虚仮を懐いて、貪瞋邪偽、奸詐百端にして、悪性侵《や》め難し、事、蛇蝎に同じ」と、親鸞みずからの凡夫の身の事実を述べたのが、『教行信証』信巻に引用した至誠心釈である。

深心釈

善導の「至は真なり、誠は実なり」の画期的な解釈を受けて親鸞は、如来の真実が人間の現実の上にはたらくすがたとして『観経』の三心を読んだ。その如来の真実のはたらきの具体相が深心釈《じんしんじゃく》の冒頭に述べられている。いわゆる機法二種深信である。

「深心《じんしん》」と言うは、すなわちこれ深信《じんしん》の心なり。また二種あり。一つには決定《けつじょう》して深く、「自身は現にこれ罪悪生死の凡夫、曠劫《こうごう》より已来《このかた》、常に没《もっ》し常に流転して、出離の縁あることなし」と信ず。二つには決定して深く、「かの阿弥陀仏の四十八願は衆生を摂受《しょうじゅ》して、疑いなく慮《おもんぱか》りなくかの願力に乗じて、定《さだ》んで往生を得《う》」と信ず。

凡夫の自覚が本願の信心である。「えらばず、きらわず、見すてず」の如来の本願が人間に凡夫の自覚を喚び起こす。親鸞は第一の機の深信を「深信自身」という。第二の法の深信を「深信乗彼願力」という。自分の思いで一杯いっぱいであった者に、助けられなければならない者として阿弥陀仏の本願を信じて生きるという、明確な自画像が描かれる。その自画像が立体的に立ち上がってくるすがたが称名念仏といえよう。自分はだれなのかを表明するのである。

如来の本願の前に立つ凡夫。善導はこの普遍的な人間像を基点に、一切の行を「正行《しょうぎょう》」と「雑行《ぞうぎょう》」に裁断する。正行は、阿弥陀仏の本願を説く『観経』・『弥陀経』・『無量寿経』の浄土三部経を一心に読誦《どくじゅ》し、阿弥陀仏の浄土の荘厳を一心に観察《かんざつ》し、阿弥陀仏を一心に礼拝《らいはい》し、一心に阿弥陀仏の名を称し、阿弥陀仏を一心に讃嘆供養《さんだんくよう》することである。読誦、観察、礼拝、称名、讃嘆供養の五つの正行以外の行は雑行と名づけて、本願の行とはしない。

五正行の中で、称名を「正定業《しょうじょうごう》」と名づけ、前三後一の読誦などを「助業《じょごう》」と名づける。凡夫の行は称名念仏に尽きるからである。まさに阿弥陀仏の本願は、畢竟、称名念仏の一行を衆生往生の願として誓うことにある。法然が「偏《ひとえ》に善導一師に依る」と宣言した「唐土の念仏」の伝統、称名念仏の伝統は善導からはじまる。

回向発願心釈——「二河の譬喩」

回向発願心釈《えこうほつがんしんじやく》には「二河の譬喩《にがひゆ》」が述べられている。譬喩であるが、善導自身の回心《えしん》の体験を述べたものであろうといわれる。親鸞は『教行信証』にその全文を引用するにあたって、喩えは教えであると注意している。

貪欲《とんよく》を象徴する水の河と瞋恚《しんに》を象徴する火の河が果てしなくひろがっている中に一本の白い道が東の岸から西の岸に通じている。旅人は群賊悪獣《ぐんぞくあくじゆう》から逃れるために、娑婆世間を象徴する東の岸から、浄土を象徴する西の岸に行こうとするが、目の前に横たわる水と火の河に身がすくんでしまう。進退きわまった現実に直面した旅人は、水火《しいか》二河の中間に水の波浪が押し寄せ、火の炎がうずまく白道《びやくどう》を見つめて、こころに深く思う。

我今回《かえ》らばまた死せん、住《とど》まらばまた死せん、去《ゆ》かばまた死せん。一種として死を勉《まぬか》れざれば、我寧《やす》くこの道を尋ねて前《さき》に向こうて去かん。すでにこの道あり。必ず度すべし。

「すでにこの道あり。必ず度すべし」と思い定めた旅人に、東の岸から声がきこえる。

仁者《きみ》ただ決定《けつじょう》してこの道を尋ねて行け、必ず死の難なけん。もし住《とど》まらばすなわち死せん。

また同時に、西の岸の上から旅人を喚ぶ声が聞こえる。

汝一心正念《しょうねん》にして直ちに来れ、我よく汝を護らん。すべて水火の難に堕せんことを畏《おそ》れざれ。

東の岸のはげましの声と、西の岸の喚ぶ声にまもられて、旅人は疑いや怯《おび》えのこころを克服し、速やかに白道をあゆみ西の岸に着き善友と出会う、というたとえである。

この二河の譬喩によって善導は二つのことを教えている。

一つは、白道について、「衆生の貪瞋煩悩《とんじんぼんのう》の中に、よく清浄願往生《しょうじょうがんおうじょう》の心を生ぜしむ」と述べるように、煩悩具足の凡夫の身の事実の中から往生浄土の願いが生まれるということである。

二つは、その凡夫の上に生まれた願いは、「仰いで釈迦発遣《はっけん》して指《お》え《し》て西方に向かえたまうことを蒙《かぶ》り、また弥陀の悲心招喚《しょうかん》したまうに藉《よ》」ると述べるように、釈迦・弥陀二尊の意に信順するこころであるということである。

真宗の教えは、凡夫に生まれた願生心が真実の自己となってみずからを助ける教えである。その願生心を発起《ほっき》させ、護り、成就するのが「発遣の釈迦」と「招喚の弥陀」の二尊教である。釈迦・弥陀二尊の教えによる願生心の発起という、真宗の真実信心の骨格を明らかにしたのが善導である。

「正信偈」善導章

「正信偈」の善導章は、「善導独明仏正意」と、凡夫の往生を明らかにした善導の古今独歩の業績をたたえ、『観経疏』を中心とした著作によって、往生の信心の要義を述べる。

善導独明仏正意　　善導独《ひと》り、仏の正意を明かせり。
矜哀定散与逆悪　　定散と逆悪とを矜哀《こうあい》して、
光明名号顕因縁　　光明名号、因縁を顕す。
開入本願大智海　　本願の大智海に開入すれば、
行者正受金剛心　　行者、正《まさ》しく金剛心を受けしめ、
慶喜一念相応後　　慶喜《きようき》の一念相応して後《のち》、
与韋提等獲三忍　　韋提《いだい》と等しく三忍を獲《え》、
即証法性之常楽　　すなわち法性《ほっしょう》の常楽を証せしむ、といえり。

「善導独明仏正意」は、善導の「楷定古今」の仏教理解をいう。凡夫のための仏教である弘願《ぐがん》真宗を明らかにしたことを讃嘆する。善導は『観経疏』の跋文《ばつもん》に、『観経疏』に表明した仏教理解が、あまりにも旧来の聖道の諸師たちの主張と異なるので、そのことの可否を問うために三昧の行に入ったところ、夢の中で仏の証明を得たと記している。法然はそうした善導の仏教に随順し、仏意に随順し、仏願に随順するすがたを尊敬して、善導を阿弥陀仏の化身とあおぎ、善導の『観経疏』は「弥陀の伝説」であり、また「弥陀の直説《じきせつ》」であると讃嘆している。

「矜哀定散与逆悪」は、善導の『観経疏』の造意をいう。本願の正機《しょうき》としての五逆・十悪の悪人の助かる道を示すことによって、定善・散善の善人にも凡夫の身の事実を自覚させ、すべての人を如来の本願の世界に摂《おさ》め取ることを説くのが『観経』である。

「光明名号顕因縁」は、本願の法をあらわす。摂取不捨の光明を縁とし、その智慧の光に相応する名号を因とする。光明・名号の因縁が和合して往生の道が開かれる。往生の主体は如来の本願を信じる真実信心である。以下は、信心の利益を述べる。

「開入本願大智海　行者正受金剛心」は、本願を信じるすがたをいう。「金剛心」は宝石の王である金剛（ダイヤモンド）にたとえて、堅固、不壊《ふえ》、尊貴のこころをあらわし、往生の信心に名づける。また金剛は「無漏《むろ》の体なり」（『観経疏』）と定義される。浄土に往生するということは、仏のさとりを根拠として、この娑婆世間にあって、凡夫の身に責任をもち、与えられたいのちを尊び、まっとうに人生を生きることであるといえるだろう。

「慶喜一念相応後　与韋提等獲三忍　即証法性之常楽」は、往生の信心の利益をいう。『観経』の得益分《とくやくぶん》には、阿弥陀仏の本願成就の法の世界を見た韋提希《いだいけ》夫人《ぶにん》などが、無生法忍《むしょうぼうにん》を得たと説く。善導はその無生法忍の内容を、信心歓喜の喜《き》忍、仏智をさとる悟《ご》忍、信心が成就した信《しん》忍の三忍とする。他力の金剛心である信の一念に、現在の利益として韋提希と同じく三忍の心境が開け、当来の利益として仏のさとりの大涅槃を獲得することが定まることを述べる。

親鸞は『高僧和讃』の善導讃において、

煩悩具足と信知して
本願力に乗ずれば
すなわち穢身《えしん》すてはてて
法性常楽証せしむ

と、善導が明らかにした古今無比の真宗念仏の法を讃嘆している。

第七章　源信の仏教

一　「日本の念仏」の草分け

「往生の要」

真宗第六祖の源信《げんしん》（九四二～一〇一七）は、親鸞の師である法然の先達《せんだつ》とされている。覚如が著した法然の伝記の『拾遺古徳伝《しゅういことくでん》』には、

予、『往生要集』を先達として浄土門にいるなり。

と、伝聞を記している。『往生要集』は源信の壮年期の著作であり、日本の浄土教信仰に圧倒的な影響をおよぼしてきた。

『口伝鈔』に載せる法然と聖光房との問答で、法然がいう「唐土の念仏」と「日本の念仏」の区別からいえば、源信は「日本の念仏」の系譜に属する。『往

生要集』に述べる念仏も観想に主眼がおかれている。

法然はその天台の観法と訣別して比叡山を降りた。「唐土の念仏」である善導の称名念仏を本願の行とした法然だが、仏弟子としての姿勢は生涯を通して「天台黒谷沙門源空《くろだにしやもん》」であった。法然のもっとも古い伝記の『源空聖人私日記』によれば、法然は慈覚大師《じかくだいし》（円仁《えんにん》、七九四～八六四）の九条の袈裟を懸けて臨終を迎えたという。日本天台の法統を受けつぐ者としての自覚をもっていたことが知られる。その天台の碩学である源信を尊崇するのは当然のことである。

そういうこともあるが、法然が源信を先達としたのは、法然の主著である『選択本願念仏集』の劈頭に、

南無阿弥陀仏　往生之業念仏為本（往生の業《ごう》は念仏を本とす）

と記していることが明白に示している、「往生之業念仏為本」のことばは『往生要集』によっている。源信が「総結要行」と名づけている箇所で、『往生要

集』全体は観想念仏を主題としている中で、「仏を称念する」ことを「往生の要」と明かしている文である。法然は源信が往生の基礎として確立した念仏を、源信の本意にさかのぼって、それは選択本願の念仏であるとした。

母のいましめ

『楞厳院《りょうごんいん》廿《にじゅう》五《ご》三昧《さんまい》結衆《けつじゅう》過《か》去《こ》帳《ちょう》（首楞厳院廿五三昧結縁過去帳）』などの伝記によれば、源信は天慶五年、父の占部《うらべ》正親《まさちか》と清原氏出身の母のもとに、大和国《やまとのくに》葛木《かつらぎ》下郡（奈良県葛城市）で生まれた。源信の母や姉妹も篤信の人だったという。

やがて少年源信は比叡山にのぼり、比叡山の修行の地として東塔、西塔とならぶ、横川《よかわ》の良源《りょうげん》（九一二〜九八五）に師事した。源信の学才は群をぬいており、師の良源が創始した比叡山における学問僧としての登竜門となる学問研鑽儀式の広学竪《こうがくりゅう》義《ぎ》にあずかり、ゆくゆくは「仏教の棟梁」となるだろうと人々は期待した。

宮中に呼ばれて、居並ぶ貴顕搢紳を前に、滔々と仏教教理を語る源信は少し得意になっていたのかもしれない。仏道の英雄と称されていた源信は、三十代を境にふっと比叡山の晴れ舞台である根本中堂《こんぽんちゆうどう》を離れ、横川に隠遁する。『過去帳』には、「母の言に随って永く万縁を絶ち、山谷に隠居し、浄土の業を修す」と記すだけだが、『今昔物語集』などを題材に後世にできた源信の説話に、その後の源信の生き方をよくあらわしている物語がある。

宮中での法話を終えた源信に、その見事さを愛《め》でて衣が贈られた。源信は僧としての名誉の衣を、少年の時に別れた郷里の母に贈った。母も子の栄誉を喜んでくれると思っていた。ところが母から来た手紙には、あなたがすぐれた学《がく》生《しよう》（学問僧）になったのは喜ばしいけれども、そのために幼いあなたを比叡山に送ったのではないと述べ、

後《のち》の世を渡す橋とぞ思いしに　世渡る僧となるぞ悲しき

の歌がそえてあった。母の誡《いまし》めのことばによって源信は初心に立ち帰ったという。説教などでよく語られる一段だが、民衆の中に根づく源信像を物語っている。

源信が終生、問題としたのは「名利《みょうり》のこころ」であったといえよう。仏道を妨げるもの、その獅子身中の虫が「名利心」である。『往生要集』巻下本に、「大象《たいぞう》の一尾《いちび》」のたとえを引いている。

大象の窓を出ずるに、遂に一つの尾のために碍《さまた》げられ、行人《ぎょうにん》の家を出ずるに、遂に名利のために縛《ばく》せらると。すなわち知る、出離の最後の怨は、名利より大なるものはなきことを。

自分の大きなからだは難なく戸口から出た象だが、なぜか細い、象の巨体からすればあるかなしかの尻尾が戸口に引っかかって出られないというたとえである。

智慧第一の法然房と呼ばれた法然が、往生浄土の先達として仰ぎ見たのは、厳しく名利と対決する源信のすがたでなかったろうか。親鸞もまた「出離の最後の怨」である名利心を仏道の最大のさまたげとしている。『教行信証』信巻の「悲歎述懐」において、

誠に知りぬ。悲しきかな、愚禿鸞、愛欲の広海《こうかい》に沈没《ちんもつ》し、名利の太山《たいせん》に迷惑して、定聚《じょうじゅ》の数に入《い》ることを喜ばず、真証の証に近づくことを快《たの》しまざることを、恥ずべし、傷《いた》むべし、と。

と記し、晩年にいたるほどに名利の問題を直視している。親鸞は師の法然を通して源信に、仏弟子であることの基本姿勢を見ていたのだと思う。

二　こころの書物――『往生要集』

日本の道徳観の源

源信の著、『往生要集』は仏教のエンサイクロペディア（百科全書）である。『往生要集』は、「念仏の一門に依って、いささか経・論の要文《ようもん》を集」めたものだが、その「集」めた経・論・釈の数は厖大な数にのぼる。花山信勝《はなやましんしょう》博士（一八九八〜一九九五）の調査によれば、経・律・論・疏からの直接引用が六百五十四文、間接引用やその名をあげているものが二百五十五文、引文中の孫引用が四十三文、総計九百五十二の引用文から成り立っているという。まさに仏法の大海の中から濁世末代のために浮上してきたのが『往生要集』であるといえよう。

『往生要集』は、母のことばにしたがって名利を離れ、横川に隠棲した源信が、永観二（九八四）年の冬十一月に執筆を開始し、翌寛和元（九八五）年の五月に完成したものであり、以来、千年以上にわたって読みつがれてきた書物である。直接『往生要集』を読まなくても、春秋の彼岸会で寺院に「地獄・極楽」の絵（変相図）が懸かり、絵解きで語られる地獄の苦しみのすがたを見て、子どもごころに悪いことをすると大変な目にあうとおそれた記憶があると思う。地獄のありさまを生々しく描いた絵相のもとになっているのが『往生要集』のはじめに述べられる「厭離穢土《えんりえど》」である。そういう意味で『往生要集』は、日本人の素朴な道徳観を千年にわたってつちかってきた「こころの書物」ともいえよう。

「厭離穢土」

『往生要集』は十の大文《だいもん》（章）から成っているが、法然の『往生要集詮要』にしたがえば、厭離穢土、欣求浄土、念仏往生、諸行往生、問答料簡の五つの内容になる。

第一の厭離穢土は、六道輪回のすがたを示し、生死を厭《いと》い離れることを勧める。特に八大地獄の描写が目を引く。六道絵図では、血の海、火の河、針の山といった絵柄で、おどろおどろしく描かれるが、それらはみな罪業の果報としてそれぞれの苦を受けるということである。罪を罪とも思わない者には地獄もないのであろう。真空のような空洞のこころしかない。「地獄のような苦しみ」と表現されるこころの葛藤は、そこに人としてのこころが息づいているからだといえる。『往生要集』の地獄の描写は読む者に、人のこころがいまだ麻痺しないで目覚めているかと問いかけている。

地獄とともに、餓鬼、畜生も悪業《あくごう》の果報である。外に求めれば火となり、内は受けいれる口が針の穴ほどしかない餓鬼のすがた。「強弱《ごうにゃく》あい害す。もしは飲みもしは食いいまだかつてしばらくも安らかならず、昼夜の中に常に怖懼《ふく》をいだ」く畜生のすがたは、読む者をして、思わずわが身を顧みずにはいられない描写が続く。

地獄・餓鬼・畜生の三悪道《さんまくどう》に対して、人は善趣である。しかし、迷いの境遇である。不浄、苦、無常をまぬがれることができない。これらは人間の意識生活の反映である。その意識生活の極限が天の境界といえる。

天人は自分の思いがすべてかなう、欲望が全開した境地であろう。ところが快楽無極《けらくむごく》の天人も、命終《みようじゆう》が近づくと苦悩にさいなまれる。「天人五衰《てんにんごすい》」という。

一は、頭上の花の髪飾りがたちまちに萎《しぼ》む。時代の変遷とともにかつての名声がうすれる。

二は、天衣《てんね》は塵垢《じんく》に著《けが》される。我がもの顔に世間を渡ってきた力が、見向きもされなくなる。

三は、腋《わき》の下より汗がでる。こんなはずではなかったと臍《ほぞ》をかむ。

四は、両目がしばしば眴《くら》む。はっきりとものごとを見通すことができなくなる。

五は、本居《ほんご》を楽しまず。自分のいま居るところが自分の居場所とならない。

これらのすがたがあらわれると、それまでまわりで称讃していた天女、眷属が雑草を捨てるように、みな去っていく。得意の絶頂にあっただけに、潮が引くようにだれも身近にいなくなった境遇は地獄の苦しみを十六倍しても及ばないという。

厭離穢土は六道三界を通じて安心の地のないことを説いて、穢土を厭い浄土を欣《ねが》うことを勧める。その六道の迷いの境界の中で、人界の特別の意味を源信の作と伝える「念仏法語（横川法語）」は次のように教えている。

それ、一切衆生、三悪道をのがれて、人間に生まるる事、大《おおき》なるよろこびなり。身はいやしくとも畜生におとらんや、家まずしくとも餓鬼にはまさるべし。心におもうことかなわずとも、地獄の苦しみにはくらぶべからず。世のすみうきはいとうたよりなり。人かずならぬ身のいやしきは、菩提をねがうしるべなり。このゆえに、人間に生まるる事をよろこぶべし。信心あさくとも、本願ふかきがゆえに、頼まばかならず往生す。念仏もの憂《う》けれども、唱うればさだめて来迎《らいこう》にあずかる。功徳莫大なり。此《こ》のゆえに、本願にあうことをよろこぶべし。
また妄念はもとより凡夫の地体《じたい》なり。妄念の外に別の心もなきなり。臨終の時までは、一向に妄念の凡夫にてあるべきとこころえて念仏すれば、来迎にあずかりて蓮台にのるときこそ、妄念をひるがえしてさとりの心とはなれ。妄念のうちより申しいだしたる念仏は、濁《にごり》にしまぬ蓮《はちす》のごとくにして、決定往生うたがい有るべからず。妄念をいとわずして、信心のあさきをなげきて、こころざしを深くして常に名号を唱うべし。

「欣求浄土」

第二の欣求《ごんぐ》浄土は、まず浄土の十楽をあげて往生を勧め、次に問答を設けて、十方諸仏の浄土および弥勒《みろく》の兜率天《とそつてん》への往生と対比して阿弥陀仏の浄土のすぐれていることを述べる。

第三の念仏往生は、往生浄土の行業《ぎょうごう》としての念仏についての詳細な解説である。天親の『浄土論』の五念門の説によりながら、観想念仏の実践方法を述べる。正修《しょうじゅ》念仏、助念方法、別時念仏、念仏利益、念仏証拠の五つの問題によって、『往生要集』の念仏の綱要書としての性格を明確に示す部分である。

第四の諸行往生は、顕密《けんみつ》のもろもろの大乗経典に説かれている念仏以外の諸行による往生を述べる。

第五の問答料簡は、念仏に関する具体的な問題をあげ、懇切に答えていく。

親鸞は『教行信証』の一番最後に、道綽の『安楽集』とともに『華厳経』の文を引いている。

『華厳経』の偈に云うがごとし。もし菩薩、種種の行を修行するを見て、善・不善の心を起こすことありとも、菩薩みな摂取せん、と。

この『華厳経』入法界品《にゅうほっかいぼん》の文は、実は『往生要集』からの引用である。『往生要集』の末尾に、縷々《るる》往生の要文を集めてきたが、聖教の文に自分のことばを付け加えたことによって人々の誹《そし》りをまねくことにならないかと自問自答する中で、もしあやまりがあったとしても、仏法にこころざしのある人は聖教の教えのことばを正しく見るだろうと、右の『華厳経』の文を引き、

まさに知るべし。誹りを生ぜんも、またこれ結縁《けちえん》なり。我もし道を得《え》ば、願わくは彼を引摂《いんじょう》し、彼もし道を得ば、願わくは我を引摂せよ。乃至《ないし》、菩提まで互いに師弟とならん。

と、仏道の広開性への深い信頼を述べている。

親鸞は、こうした源信の仏道によせる公明正大さを、信の道を行く自分自身の先達として仰いだのだと思う。

「正信偈」源信章

「正信偈」の源信章は、『往生要集』の大綱とその要義を讃嘆する。

源信広開一代教　源信、広く一代の教を開きて、
偏帰安養勧一切　ひとえに安養《あんにょう》に帰して、一切を勧む。
専雑執心判浅深　専雑《せんぞう》の執心、浅深《せんじん》を判じて、
報化二土正弁立　報化《ほうけ》二土、正《まさ》しく弁立《べんりゅう》せり。
極重悪人唯称仏　極重《ごくじゅう》の悪人は、ただ仏を称すべし。
我亦在彼摂取中　我また、かの摂取の中にあれども、
煩悩障眼雖不見　煩悩、眼《まなこ》を障《さ》えて見たてまつらずといえども、
大悲無倦常照我　大悲倦《ものう》きことなく、常に我を照したまう、といえり。

「源信広開一代教　偏帰安養勧一切」は、仏教の棟梁といわれ、仏一代のすべ

ての教えに通暁した源信が、「濁世末代《じよくせ》の目足《もくそく》」となる往生浄土の要文を集めた、『往生要集』を著した恩徳を讃嘆している。

「専雑執心判浅深　報化二土正弁立」は、往生の信心の質に分け入って、真実報土の往生と方便化土の往生を正しく弁別したことをいう。『往生要集』の第十大文（章）の問答料簡に、どのような者が往生するのかという往生の階位の問題を取りあげている。その中で源信は、

もし凡下《ぼんげ》の輩《やから》もまた往生を得《え》ば、いかんぞ近代、かの国土を求むる者は千万なるも、得《う》る者、一二もなきや。

と、現実の人間の問題を問う。

それに答えて、中国の懐感《えかん》（唐代の人、生没年不詳）の『釈浄土群疑論』によりながら、専修《せんじゆ》と雑修《ざつしゆ》の区別を立てる。本願に相応する如実の念仏ひとつにこころを定める専修の人は報土に往生し、念仏以外の行や念仏ひとつにまかせる

ことのできない雑修の人は化土に往生するという。

道綽、善導が聖道の諸師との対決を通して明らかにした凡夫入報が浄土教の基軸である。源信はその阿弥陀の浄土を実体化せず、また往生する者を類型化せず、信心の質にしたがって、浄土に「報中の化」のあることを明らかにした。その源信の教えによって、「顕浄土真実教行証文類」と名づけられた『教行信証』に「顕浄土方便化身土」の巻を開く親鸞の独創的な本願の世界が生まれた。

「極重悪人唯称仏　我亦在彼摂取中　煩悩障眼雖不見　大悲無倦常照我」は、「正信偈」中の親鸞の絶唱といえよう。もとは『往生要集』の「正修念仏」門において、阿弥陀仏のすがたを念ずる方法を解説する中で、『観経』の真身観に説かれる、

一一光明、遍照十方世界、念仏衆生摂取不捨。

の文につけて、源信自身のよろこびを述べたことばである。「我」は源信自身を指し、「亦」は他の人々と共にという意味になる。同時に「我」はみんなの我である。念仏は如来の光の中で、われもひとも共に一つに出会う根源的連帯の世界を開く。すでに遠く曇鸞は、浄土に往生する念仏の人たちのすがたを、

同一に念仏して別の道なきがゆえに。遠く通ずるに、それ四海の内みな兄《けい》弟《てい》とするなり。眷属無量なり。（『浄土論註』）

と述べている。源信はその浄土に往生する生活を実践した本願の行者であった。

なぜ念仏なのか。源信は『往生要集』の「念仏証拠」門に、

いま念仏を勧むることは、これ余の種種の妙行《みようぎよう》を遮《しや》せんとにはあらず。た

だ男女《なんによ》・貴賤、行住座臥を簡《えら》ばず、時処諸縁を論ぜず、これを修《しゅ》するに難《かた》からず。

と、いつでも、どこでも、だれでもが、そのままに念仏申すことのできる念仏の普遍性を述べている。「生活の中で念仏申すのではない、念仏の中で生活するのです」という先輩のことばを憶い起こす。

第八章　法然の仏教

一　智慧光のちから

父の遺言

法然《ほうねん》（源空《げんくう》、一一三三～一二一二）は光の人である。親鸞は光の人としての法然を師とした。

源空光明はなたしめ
門徒につねにみせしめき
賢哲愚夫《けんてつぐぶ》もえらばれず
豪貴鄙賤《ごうきひせん》もへだてなし
（『高僧和讃』源空讃）

光は智慧である。親鸞は智慧の念仏を法然に教えられた。念仏は阿弥陀仏の智慧のはたらきである。人間を「賢哲愚夫、豪貴鄙賤」という世間の着物で見るのではなく、人のその「本心」において見る。人をその人自身として見る。そういう浄土真宗という新しい人間観、新しい社会観を教えたのが法然である。

智慧光のちからより
本師源空あらわれて
浄土真宗をひらきつつ
選択本願のべたまう
（同前）

法然は長承二年に、美作国《みまさかのくに》久米南条稲岡庄（岡山県久米郡）に生まれた。父は漆間時国《うるまのときくに》といい、押領使《おうりようし》（地方の豪族から任ぜられる武官。軍事、警察をつかさどる）であった。母は秦氏《はたうじ》の出身といわれるが、伝記には詳細を記さない。『源空聖人私日記』などの伝記によれば、法然が九歳の時、父の漆間時国は夜討ちにあって亡くなったという。平安末期の不安定な時代の複雑な力関係が戦に及んだのかもしれない。父は死に臨んで、少年の法然に、「なんじ、もし成人せば、往生極楽をいのりて、自他平等の利益をおもうべし」(『拾遺古徳伝』)と諭したという。

父の仇を討てば、また相手の身内が敵を討とうとするだろう。憎しみが憎しみを生み、増幅し、果てることがない。怨み、憎しみではなく、われもひとも共にすくわれる道をこそあゆんでほしいという、少年法然にかけた父の願いである。むろん、後世に作られた物語であろうが、父の遺言に託して、法然がその生涯をもって証した、「一切衆生平等往生」の如来の誓いをあらわしている。

父の死後、法然は菩提寺の住職の観覚《かんかく》のもとに身を寄せた。やがて観覚はかつて自分が学んだ比叡山に法然を送り出した。『源空聖人私日記』には法然の登山について、ある伝説を載せている。観覚が比叡山の源光《げんこう》のもとに法然をつかわした時、法然に手紙を持たせたという。それには、「進上大聖文殊像一躰」としたためられていたという。比叡山に送った少年法然こそ文殊菩薩の生まれかわりだという意味である。これも後世の創作だろうが、仏の智慧を象徴する文殊菩薩によせて「智慧第一の聖人《しようにん》」と呼ばれる法然の学才をあらわすものであろう。

比叡山での法然は、天与の才能を十分にのばしたようであるが、青年期にいたって仏道の大きな壁が立ちはだかった。『一期《いちご》物語』醍醐本には、

ある時、物語して云わく。幼少にして登山す。十七年（歳）、六十巻（天台三大部といわれる、『法華《ほつけ》玄義』二十巻、『法華文句《もんぐ》』二十巻、『摩訶止観』二十巻）を亘《わた》る。十八年（歳）、暇《いとま》を乞いて遁世す。これ偏《ひとえ》に名利の望みを絶ち、一向に仏法を学ばんがためなり。

と記す。法然もまた生きた仏教を求めたのである。

懸命の修学であったと思われる。聖覚《せいかく》（一一六七～一二三五）の著とされている法然伝の『十六門記』はその間のすがたを次のように伝える。

上人、生年《しょうねん》九歳より、四十三に至るまで、三十五年の学問は、これ偏《ひとえ》に出《しゅつ》離《り》の道にわずらい、順次解脱《じゅんしげだつ》の要路をしらんためなり。法相・三論・天台・華厳・真言・仏心（禅）の諸大乗の宗、遍学し、ことごとく明《あきら》むるに、入門は異なりといえども、みな仏性《ぶっしょう》の一理を悟り顕すことを明かす。所詮は一致なり。法は深妙《じんみょう》なりといえども、我が機すべて及びがたし。

人なみ以上のすぐれた智慧才覚を有した法然は、天台宗の学びはいうにおよばず、奈良の興福寺、東大寺をはじめとする諸寺の碩学をたずねて、広く仏教を学んだという。仏教のことなら何ひとつ知らないことのないほど学問はすみ、人々から「智慧の法然房」と称讃をうけたが、法然自身のこころに黒雲のようにたちはだかる問題があった。生きた仏陀釈尊の声が聞こえないという苦悩である。世評と自分の内面の落差に、法然は凝念と自分自身を見つめたのであろう。齢四十三、当時とすれば十分老年の域に達している。このまま「智慧の法然房」とほめそやされながら、空しく朽ちていくのか。

黒谷報恩蔵での開悟

藤原正遠《ふじはらしょうおん》師（一九〇五〜一九九七）は念仏の人となる瞬間を、「いずこにも行くべき道のたえたれば口割り給う南無阿弥陀仏」と詠《よ》んでいる。法然は、最後心をもって黒谷の報恩蔵にこもった。もしここで生きた仏陀の声が聞こえなければ、酔生夢死の空過《くうか》の人生で終わるしかないという、生死《しょうじ》の巌頭《がんとう》に立ったのであろう。その人生の決定的瞬間を、『四十八巻伝』および『十六門記』は次のように活写する。

もし無漏《むろ》の智剣なくば、いかでか、悪業煩悩のきずなをたたん。悪業煩悩のきずなをたたずば、なんぞ生死繋縛《けばく》の身を解脱することをえんや。かなしきかな、かなしきかな。いかがせん、いかがせん。（『四十八巻伝』）

黒谷の報恩蔵に入りて、一切経を披見すること、すでに五遍に及びぬ。しかれども、なおいまだ出離の要法を悟り得ず。（『十六門記』）

我が心に相応する法門ありや。我が身に堪えたる修行あるや。よろずの智者にもとめ、もろもろの学者にとぶらいしに、おしうるに人もなく、しめすに輩《やから》もなし。しかるあいだ、なげきなげき、経蔵にいり、かなしみかなしみ、聖教にむかいて、手ずからみずから、ひらき見しに、善導和尚の観経の疏の、「一心専念弥陀名号、行住坐臥、不問時節久近、念念不捨者、是名正定之業。順彼仏願故」という文《もん》を見得《みう》。

（『四十八巻伝』）

随喜身にあまり、身毛為竪《しんもういよだ》ちて、とりわき見ること三遍、前後合わせて八遍なり。時に観経散善義の、一心専念弥陀名号の文に至りて、善導の元意を得たり。歓喜《かんぎ》のあまりに聞く人なかりしかども、予がごときの下機《げき》の行法《ぎょうほう》は、阿弥陀仏の法蔵因位《いんに》の昔、かねて定め置かるるやと、高声《こうしょう》に唱えて、感悦髄に徹り、落涙千行なりき。ついに承安五年の春、齢《よわい》四十三の時、たちどころに余行をすてて、一向専修《せんじゅ》念仏門に入《い》りて始めて六万遍を唱う。

（『十六門記』）

法然は比叡山をおり、京都の黒谷、西山、鴨川辺などを経て、東山の大谷に庵《いおり》をむすび、以後、ただ一筋に有縁の人々に念仏を相続した。晩年、承元の法難によって流罪にあったが、建暦元年十一月に大谷の地に帰り、翌建暦二（一二一二）年一月二十五日、八十年を一期《いちご》とする念仏の生涯を終えた。

若き日の親鸞も、大谷の地に法然をたずねて、念仏申す身となった。今日、「真宗大谷派」という宗派の名は、少なくともかつての真宗門徒は、「大谷」という名を聞けば、そこに法然がにこやかに念仏を勧め、親鸞が師の法然をまっすぐに見つめているすがたを憶い起こしたにちがいない。

法然の回心については、善導の『観経疏』のみでなく、源信の『往生要集』との関わりもいわれる。いずれにしても「念仏」に決着をみたことはまちがいない。その念仏が選択本願の念仏であることを明らかにすることが、法然の後半生の仕事であった。

二　『選択本願念仏集』

浄土宗開宗の骨格

法然の主著、『選択本願念仏集《せんじやくほんがんねんぶつしゆう》』は親鸞にとって生きた仏の教えであった。『教行信証』の後序《ごじよ》に、『選択集』書写のできごとを深い感動と恩徳の念をもって記す親鸞は、その『選択集』を、

真宗の簡要、念仏の奥義、これに摂在《しようざい》せり。見る者諭《さと》り易し。誠にこれ、希有最勝の華文《かもん》、無上甚深の宝典なり。

と、最大限の讃辞をささげている。

『選択集』は法然という人格が教えのことばとなったものである。『選択集』

に述べられたことばの通りの人が法然であったということであろう。真宗は仏の教えにしたがう生き方である。念仏はそのすがたである。『選択集』を見れば、法然とはだれかがわかる。『選択集』を読めば、いつでも法然と再会できる。一心の真実信心に生きた希有人《けうにん》、最勝人《さいしょうにん》が法然であった。無上の功徳、甚深の智慧である如来の本願を生きた人が法然であった。親鸞にとって法然は、法然その人が真実に生きる道であった。

仏教を明らかにする『選択集』は十六の章から成るが、終わりに、略選択といわれる、一部の大綱を示した「総結《そうけつ》三選の文《もん》」が記されている。

それ速やかに生死を離れんと欲《おも》わば、二種の勝法《しょうぼう》の中に、しばらく聖道門を閣き《さしおき》て、選びて浄土門に入《い》れ。浄土門に入《い》らんと欲わば、正雑《しょうぞう》二行の中に、しばらくもろもろの雑行を抛《なげう》ちて、選びて正行に帰すべし。正行を修せんと欲わば、正助二業《ごう》の中に、なお助業を傍らにして、選びて正定《しょうじょう》を修《しゅ》すべし。正定の業とは、すなわちこれ仏の名《みな》を称するなり。称名は必ず生まるることを得《う》。仏の本願に依るがゆえに、と。

一つは、聖道門を閣き、浄土門に選び入る。二つは、雑行を抛ち、正行に選び帰す。三つは、助業を傍らにして、正定業を選び修す。この三つの選びが「ただ念仏して弥陀にたすけられまいらすべし」という法然の教えの根幹である。その浄土宗開宗の骨格は、『選択集』の第一教相章、第二行章、第三本願章に述べられている。

第一　教相章

『選択集』の各章の構成は、はじめに本願念仏のすがたをあらわす「標章」、次にそれを証明する聖教の文をかかげる「出文《しゅつもん》」、そして教えのことばによって教えられた法然の「私釈」と、三つの部分から成る。

第一の教相章の標章は、

道綽禅師、聖道・浄土の二門を立てて、聖道を捨てて、正《まさ》しく浄土に帰する文《もん》

である。聖道・浄土の二門の決判によって、聖道門ではなく浄土門の教えを選ぶことを明らかにする。

次いで、道綽の『安楽集』の文を出文する。

一切衆生みな仏性あり、遠劫《おんごう》より以来《このかた》多仏に値《あ》うべし。何に因《よ》りてか今に至るまで、なお自ら生死《しょうじ》に輪回して、火宅を出でざるや。

四十八歳で浄土の教えに帰した道綽がそうであったように、この問いは、法然自身の回心《えしん》に至るまでの四十三年の人生を凝縮する問いであったろう。広く仏教を学んだが、どの教えもみずからのうちの仏性に目覚めよと説いている。

今生に受けがたい人の身を受けているということは、そのいのちの真実を説き明かす多くの諸仏に出会ってきたからであろう。それにもかかわらず、今、現にこの身はまよいを重ねて、真実に生きる道が見えない。どこに問題の大根《おおね》があるのか。自分自身に突きささる問いの中から時代批判としての教相判釈《きようそうはんじやく》が生まれる。

当今は末法、これ五濁悪世なり。ただ浄土の一門のみありて、通入すべき路《みち》なり。

道綽が『安楽集』に記した「末世の仏弟子」の道、民衆と共にあゆむ仏道に法然はみずからの行くべき道を見いだした。幼少の時に、瀕死の息の中で父が、

一向に専《もつぱ》ら自他平等の済度を祈り、怨瞋《おんしん》ことごとく消えて、親疎同じく菩

提に至らんことを願ずべし。（『十六門記』）

と、遺言したことばに光が当たったといえよう。「われもひとも、生死をはなれん」道が浄土の道であることを確信したのである。

私釈は、浄土宗の立宗を述べる。『大無量寿経』・『観無量寿経』・『阿弥陀経』の浄土三部経および天親の『往生論（浄土論）』の三経一論を正依《しょうえ》の聖教とし、菩提流支・曇鸞・道綽・善導・懐感・小康と伝承する師資相承《ししそうじょう》をあきらかにする。

第二　二行章

第二の二行章の標章は、

善導和尚、正雑二行を立てて、雑行を捨てて正行に帰する文である。「偏に善導一師に依る」と思い定めた法然の専修念仏の仏教を明らかにする。

出文は『観経疏』散善義の深心釈の中の「就行立信《じゆぎようりつしん》（行に就いて信を立てる）」の文を出す。一切の雑行にえらんで、読誦・観察・礼拝・称名・讃嘆供養の五正行を立て、その正行において、特に称名を正定業とする。

私釈では、五正行と雑行に詳しい説明を加え、二つの行の得失を述べる。正行の利益と雑行の損失について「五番の相対」をあげる。

第一の親疎対《しんそたい》は、心についていう。「正助二行を修するものは、阿弥陀仏において、はなはだもって親昵《しんじつ》たり」という。念仏は阿弥陀仏ともっとも親しい行である。それに対して雑行は疎である。

第二の近遠対《ごんのんたい》は、身についていう。「正助二行を修するものは、阿弥陀仏において、はなはだもって隣近《りんごん》たり」という。念仏はいつでも、どこにいても、阿弥陀仏と一つに出会う行である。それに対して雑行は遠である。

第三の無間有間対《むけんうけんたい》は、正助二行は阿弥陀仏において憶念が間断《けんだん》しない。それに対して雑行は阿弥陀仏においてこころが間断するという。

第四の不回向回向《ふえこうえこう》対は、法然独自の着眼点である。「正助《しょうじょ》二行を修《しゅ》するは、たとい別に回向を用いざれども、自然《じねん》に往生の業《ごう》となる」という。その根拠として善導の六字釈をあげる。

今この観経の中の十声《じっしょう》の称仏は、すなわち十願・十行ありて具足す。いかんが具足する。「南無」と言うは、すなわちこれ帰命なり。またこれ発願回向の義なり。「阿弥陀仏」と言うは、すなわちこれ、その行なり。この義をもってのゆえに、必ず往生を得。

「南無阿弥陀仏」の称名念仏はその名号それ自体に願と行とがそなわっているので、衆生から回向の行とする必要はない。「不回向」である。

親鸞はこの念仏不回向をより積極的に「回向せざれ!」という教えとして受けとめた。念仏は自力の行でなく、他力回向の義であるとして、『教行信証』

行巻《ぎょうのまき》に、

明らかに知りぬ、これ凡聖自力の行にあらず。かるがゆえに不回向の行と名づくるなり。大小の聖人・重軽《じゅうきょう》の悪人、みな同じく斉《ひと》しく選択の大宝海に帰して、念仏成仏すべし。

と、「念仏不回向」こそ法然がうち立てた浄土教の歴史における金字塔と讃嘆している。

第五の純雑《じゅんぞう》対は、正助二行は純粋に極楽の行であり、雑行は純極楽の行でないという。純は純粋、純一の義とされるが、単純ということであろう。「ただ念仏して」である。念仏してどうなるのか、念仏の意味は何かと問うのは、本人は真剣かもしれないが、要するに自分が関心事である。念仏は私にどういう利益をもたらすのか、私に了解できない念仏は無意味ではないかと、「私」という思いがはじめにある。念仏からはじまる生活にならない。「ただ念仏して」

と教えられて、その教えのことばを素直に信じて、単純に念仏申すことが「正行」といわれるゆえんであろう。

二行章では、この後、ふたたび善導の『往生礼讃』の文を出文して、専修と雑修の得失を述べている。

第三　本願章

第三の本願章の標章は、

弥陀如来、余行をもって往生の本願としたまわず、ただ念仏をもって往生の本願としたまえる文

である。この本願章は前の二行章を受けて、なぜ念仏が如来の本願の行として誓われたのかという問題を取り上げる。善導の称名正定業を確定した「就行立

信」の文の末尾にある、

かの仏願に順ずるがゆえに。

のことばの指し示す意味を解明するものである。

出文は、『大無量寿経』の第十八願文、善導の『観念法門』と『往生礼讃』の本願加減の文によって、念仏往生の証明としている。念仏往生の願は本願の中の本願として「王本願《おうぼんがん》」と呼ばれる。

私釈は、法蔵菩薩が本願を建て、念仏を往生の行として選択したことを述べる。「選択」ということばは異訳の経典の『大阿弥陀経』などに使われることばで、正依の『大無量寿経』では「摂取」となっている。法然は、

選択と摂取と、その言異《ことばこと》なりといえども、その意《こころ》これ同じ。

という。選択のない摂取は無責任であり、摂取のない選択は無慈悲であろう。選択は摂取の愛を実現し、摂取は選択の態度決定をうながす。

なぜ念仏なのか

その上で法然は、「なぜ念仏なのか」を問う。

何がゆえぞ、第十八の願に、一切の諸行を選び捨てて、ただ偏に念仏の一行を選び取りて、往生の本願としたまうや。

第一は「勝劣の義」である。名号は万徳《まんどく》の帰するところの勝《すぐ》れた行であり、諸行はそれぞれの功徳があるのみで劣っているといわざるをえない。その念仏と諸行の関係を家のたとえで示す。諸行は家を形づくる棟《むなぎ》・梁《うつはり》・垂木《たるき》・柱などのようにそれぞれの功徳をそなえているが、それのみではたんなる材木でしかない。念仏はそれらの資材に本来のはたらきを与える家そのもののようなものである。だから念仏は勝、諸行は劣であるという。

しかし、この勝劣の義は念仏と諸行の対比であるから、いまだ念仏の唯一性とはいいがたいかもしれない。「なぜ念仏なのか」を問うときには、「ただ念仏して」の立場が成立していなくてはならない。その「ただ念仏して」の人間の実存を明らかにするのが次の「難易の義」である。

第二の「難易の義」は、難行・易行の問題である。

念仏は修《しゅ》し易く、諸行は修し難し。

龍樹以来、難行・易行は、行体《ぎょうたい》の問題として、また行修《ぎょうしゅ》の相の問題として、浄土教の中心課題として取り上げられてきている。法然はその浄土教の歴史とともにある問題に、新しい光を投げかけた。「通・不通」の視点である。

難行は文字通り「困難なこと、為し難きこと」（長谷岡一也『龍樹の浄土教思想』）

である。三千大千世界を挙げるよりも重い事業である仏道においては、克服しなければならない階梯《かいてい》である。そういう意味で、難行か易行かという二者択一の問題ではない。しかし、難行の修道中に、どれだけの人が頭をうなだれて仏道から去っていっただろうか。否、むしろ、挫折には意味がある。「己《おのれ》が能」がはっきりするからである。挫折しているにもかかわらず、自分の思いの中で空過することが問題である。

一切衆生平等往生

法然は比叡山における三十五年にわたるみずからのあゆみを総括して、何が問題だったのかを明快に述べる。

念仏は易きがゆえに一切に通ず。諸行は難きがゆえに諸機に通ぜず。しかればすなわち、一切衆生をして平等に往生せしめんがために、難を捨て易を取りて本願としたまうか。

念仏は「南無阿弥陀仏」と申すことである。そのようなことは田の蛙が鳴いているのとかわらないではないか。行ともいえない浅行だと、不当におとしめられてきた。しかし問題はすべての人に通じる道なのか、諸機に通じない個人の道なのかである。それが仏道の「わかれめ」である。如来の本願は「一切衆生平等往生」を仏道としたのである。

その本願の摂取不捨の光に眼をあげれば、社会が見えてくる。

もしそれ、造像起塔《ぞうぞうきとう》をもって、本願としたまわば、貧窮困乏《びんぐこんぼう》の類《たぐい》は、定めて往生の望みを絶たん。しかるに富貴の者は少なく、貧賤の者ははなはだ多し。

もし、智慧高才《ちえこうさい》をもって、本願としたまわば、愚鈍下智《ぐどんげち》の者は、定めて往生の望みを絶たん。しかるに智慧の者は少なく、愚癡の者ははなはだ多し。もし、多聞多見《たもんたけん》をもって、本願としたまわば、少聞少見《しょうもんしょうけん》の輩《ともがら》は、定めて往生の望みを絶たん。しかるに多聞の者は少なく、少聞の者ははなはだ多し。もし、持戒持律《じかいじりつ》をもって、本願としたまわば、破戒無戒《はかいむかい》の人は、定めて往生の望みを絶たん。しかるに持戒の者は少なく、破戒の者ははなはだ多し。自余の諸行、これに準《なぞら》えて知んぬべし。まさに知るべし、上《かみ》の諸行等をもって、本願としたまわば、往生を得《う》る者は少なく、往生せざる者は多からん。しかればすなわち、弥陀如来、法蔵比丘の昔、平等の慈悲に催されて、普《あまね》く一切を摂《せっ》せんがために、造像起塔等の諸行をもって、往生の本願としたまわず。ただ称名念仏の一行をもって、その本願としたまえり。

「念仏は修し易く、諸行は修し難し」。インド以来の浄土教の基本フレーズに新しい光を当て、易行の念仏ということのもっている根源的な意味を明らかにした法然の仏教理解である。貧窮困乏、愚鈍下智、少聞少見、破戒無戒の中でいのちをつないでいる圧倒的多くの人々の生活の現実に根をおろす仏教、それが法然の念仏である。人間の多様性、多面性を見つめ、「十方衆生」と呼びかける本願の成就を人間社会の現実の中に見いだす、画期的な仏教理解である。

「吉水教団」――万人のための仏教

万人のための仏教。遠く仏陀釈尊から流れ来る仏教の核心を法然は明らかにした。

念仏は社会を視る眼である。親鸞が法然を、

源空光明はなたしめ

門徒につねにみせしめき
賢哲愚夫もえらばれず
豪貴鄙賤もへだてなし

と、光の人として仰いだのは、人間とその人間の生きる社会を如来の本願のあらわれる具体的な場とする、そのような法然の念仏に出会ったからである。「一切衆生平等往生」の如来の大悲を行ずる人としての法然のもとに、念仏の僧伽《さんが》である「吉水教団」が開かれた。承元の法難による強制解散の後も、越後で、北関東で、そして故地の京都で、親鸞の心念にあったのは「吉水教団」の継承、すなわち「念仏の僧伽復興の願い」であったといえよう。親鸞はその生涯を通して、念仏の人法然の忠実な弟子であった。

「正信偈」源空章

「正信偈」の源空章は、はじめに師の法然の徳を讃嘆し、次に『選択集』の大義を述べ、最後に疑いを止《とど》め信を勧める。

本師源空明仏教　本師《ほんじ》・源空は、仏教に明らかにして、
憐愍善悪凡夫人　善悪の凡夫人を憐愍《れんみん》せしむ。
真宗教証興片州　真宗の教証、片州《へんしゅう》に興《おこ》す。
選択本願弘悪世　選択本願、悪世に弘む。
還来生死輪転家　生死輪転《りんでん》の家に還来《かえ》ることは、
決以疑情為所止　決するに疑情をもって所止とす。
速入寂静無為楽　速やかに寂静《じゃくじょう》無為の楽《みやこ》に入《い》ることは、
必以信心為能入　必ず信心をもって能入とす、といえり。

「本師源空明仏教　憐愍善悪凡夫人」は、法然の智慧と慈悲を讃嘆する。

「明仏教」は、一切経を読み、諸宗の碩学もこぞって称讃した法然の学識をいう。同時に、凡夫のための仏教、すなわち真宗を明らかにしたことをも指すであろう。

「真宗教証興片州　選択本願弘悪世」は、『選択集』が片州の日本に浄土の真宗の教行証を興隆し、末法の五濁悪世に如来の本願真実の法をひろめたことを讃嘆する。親鸞は『教行信証』の後序に、「聖道の諸教は行証久しく廃《すた》れ、浄土の真宗は証道いま盛《さかり》なり」と、末代の仏教である浄土真宗の真実性を述べ、その真宗仏教を明らかにした法然を「真宗興隆の大祖源空法師《ほっし》」と呼んでいる。

「還来生死輪転家　決以疑情為所止　速入寂静無為楽　必以信心為能入」は、『選択集』の三心《さんじん》章のことばによっている。法然が「深信《じんしん》の心《しん》」について、

まさに知るべし、生死の家には疑をもって所止とし、涅槃の城《みやこ》には信を

もって能入とす。

と、二種深信の根本を示していることばである。この仏道の決着点を示すことばによって、親鸞は『選択集』一部の要を「信心為本」の教えとして受けとめている。それはまた法然を通して真宗七祖に通じる親鸞の視点であるといえる。

おわりに

「正信偈」の終わりは、念仏の信心を勧めて、六十行《こう》、一百二十句の本願の歌を結んでいる。

弘経大士宗師等　　弘経《ぐきょう》の大士《だいじ》・宗師等、
拯済無辺極濁悪　　無辺の極濁悪《ごくじょくあく》を拯済《じょうさい》したまう。
道俗時衆共同心　　道俗時衆、共に同心に、
唯可信斯高僧説　　ただこの高僧の説を信ずべし、と。

真宗大谷派の高倉学寮の伝統では、最後の一句を二度読む心得で「正信偈」を誦《じゅ》するという（『教行信証金剛録』）。

一には、他の諸師にえらんで、「ただ」真宗七祖の説を信ぜよと読む。まず得道の人を信じるのである。

二つは、親鸞が「正信偈」に讃嘆した、七高僧の「この」説を信ぜよと読む。本願念仏の信心から生まれたことばを信じるのである。

長い仏教の歴史の中で、さまざまなすぐれた人たちが輩出し、すばらしい教えが説かれてきた。しかし、現実に生きている私は、縁ある人と共にいのちをつないでいるわが身、この一身である。「自己を明らかにする」。このことひとつを教えてくれる人のことば、このことひとつに目覚める教え。それが自己と社会のための仏教である。

真宗七祖を通して釈尊から親鸞へと伝承され、親鸞が念仏の信心として己《こ》証《しょう》した浄土の真実は、今日いよいよ、われわれに「ここはどこか、あなたはだれか」と問いかけている。

文庫化にあたって

本書は、㈱筑摩書房より刊行された『シリーズ親鸞』のうち、第三巻「釈尊から親鸞へ―七祖の伝統―」を文庫化したものです。

『シリーズ親鸞』は、二〇一一年、真宗大谷派（東本願寺）が厳修《ごんしゅう》した「宗祖親鸞聖人七百五十回御遠忌」を記念して、宗派が筑摩書房の協力を得て出版したものです。シリーズの刊行にあたり、監修を務めた小川一乗氏は、

いま、現代社会に向かって広く「浄土真宗」を開示しようとするのは、宗祖親鸞聖人によって顕《あきら》かにされた「浄土真宗」こそが、今日の社会が直面している人間中心主義の闇を照らし出し、物質文明の繁栄の底に深刻化している人類生存の危機を克服する時機相応の教えであるとの信念に立っているからです。本書を通して一人でも多くの方が、親鸞聖人の教えである「浄土真宗」に出遇っていただき、称名念仏する者となってくださる機縁となりますことを念願しています。

このシリーズは、執筆者各々が役割分担して「浄土真宗」を明らかにしたいと企画されました。そのために、担当する文献や課題を各巻ごとに振り分けて、それぞれを主題として執筆されています。それによって、引用される文献や史資料が各巻にわたって重複することを少なくし、「浄土真宗」の全体が系統的に提示されるようにいたしました。（中略）『シリーズ親鸞』は学術書ではありません。学問的な裏付けを大切にしつつも、読みやすい文章表現になるよう努めました。と述べています。今回の文庫化にあたっては、その願いを引き継ぎ、さらに多くの方々に手にとってお読みいただけるよう、各執筆者の方々に若干の加筆・修正をお願いいたしました。本書を機縁として、一人でも多くの方が「浄土真宗」に出遇っていただけることを願っています。

最後になりましたが、文庫化にあたってご協力をいただいた㈱筑摩書房様、また、発行をご快諾いただきました著者の狐野秀存氏には厚く御礼申しあげます。

二〇一七年五月

東本願寺出版

狐野　秀存（この　しゅうぞん）

1948（昭和23）年生まれ。日本大学中退。大谷専修学院卒。現在、大谷専修学院長。著書『往生浄土の道』（東本願寺出版）、『空過をこえて』（真宗大谷派三条教区　長岡連組公開親鸞講座実行委員会）、論文「蓮如の祖聖観」（『蓮如の世界』所収、文栄堂）。

釈尊《しゃくそん》から親鸞《しんらん》へ—七祖《しちそ》の伝統《でんとう》—

2017（平成29）年7月31日　第1刷発行

著　　者　狐野秀存
発 行 者　但馬　弘
編集発行　東本願寺出版（真宗大谷派宗務所出版部）
〒600-8505　京都市下京区烏丸通七条上る
TEL　075-371-9189（販売）
075-371-5099（編集）
FAX　075-371-9211
印刷・製本　株式会社京富士印刷
装　　幀　株式会社アンクル

ISBN978-4-8341-0560-5　C0115